Что говорят известные люди о *Альфа* курсе

«*Альфа* курс – это ноу-хау в обращении людей к Богу. Уникальный опыт Запада, который перенесен на нашу почву. Это ответ на многочисленные молитвы о том, как людям сделать первый шаг к Богу. У нас в церкви очень развит *Альфа* курс – один их двух каналов, через который приходит больше всего людей. Сказать об этом могу только хорошее».

Ряховский С. В.,
Епископ, Председатель Российского объединенного Союза христиан веры евангельской (пятидесятников), член Общественной палаты РФ

«*Альфа* курс предлагает нам сочетание того, во что верят христиане, и того, как они воплощают это в дружбе, гостеприимстве и вообще в жизни. Рекомендую этот курс всем христианам, которые ищут способ рассказать людям о своей вере...»

Роан Вильямс,
Архиепископ Кентерберийский

«Мы слышали много историй о том, как все менялось в жизни людей, которые приходили на *Альфа* курс...»

Кардинал Вильям Х. Келер,
католический епископ Балтимора

«*Альфа* курс – на сегодня один из наиболее доступных методов, помогающих привлечь людей в церковь, а также оживить веру тех, кто уже давно являются христианами. Я настоятельно рекомендую этот курс всем христианским лидерам, которые находятся в поиске новых путей для расширения и умножения своего служения. Хотя

Альфа курс был изобретен в Англии, он легко может быть применен и в других странах. У него потрясающий потенциал».

Алистер МакГраф,
историк церкви, богослов, Оксфорд

«Мы с восхищением аплодируем тому видению и труду, который совершается через *Альфу*».

Билл Хайблс,
старший пастор церкви «Виллоу Крик Коммьюнити»

«Удивительно было наблюдать, как Бог использует *Альфа* курс, чтобы обратить в веру тех, для кого церковь никогда не была чем-то привлекательным. Материал этого курса очень помогает людям, которые находятся в духовном поиске».

Рик Уоррен,
пастор, автор нескольких книг, Калифорния

«*Альфа*, безусловно – сильнейший инструмент, помогающий донести Благую Весть погибающим людям, которые впоследствии становятся духовно зрелыми христианами».

Билл Брайт,
основатель миссии «Кэмпус Крусейд»

«*Альфа* помогает созиданию церквей. Курс служит людям, ищущим смысл жизни, ведя их шаг за шагом через дебри сложных вопросов, на которые невозможно найти моментальных ответов. Вот почему *Альфа* имеет столь потрясающий успех.

Боб Буфорд,
основатель служения «Лидершип нетворк»

«...Церковь ныне – да, пожалуй, и всегда – подобна кораблю в бушующем море. Она должна со всей проникновенностью и прямотой объяснить, отчего, коли Бог изначально добр, мир полон страданий и скорби; как избежать соблазна ложных путей, будто бы ведущих к Небу; как выработать в себе истинно христианский взгляд на многие противоречивые проблемы нашего бытия. Своими книгами Никки Гамбл помогает Церкви справиться с этими задачами; но самое главное – он помогает человеку ощутить себя христианином».

Нежный А. И.,
журналист, писатель, общественный деятель

КАК ОРГАНИЗОВАТЬ И ПРОВОДИТЬ АЛЬФА КУРС

РАССКАЗЫВАЯ ДРУГИМ

Никки Гамбл

Москва
Централизованная религиозная организация христиан веры евангельской «Харизма»
Служение «*Альфа* курс»
2011

УДК
ББК

How to run the Alpha Course. Telling Others. Nicky Gumbel. Alpha International, Holy Trinity Brompton, Brompton Road, London SW7 1JA, UK
First published 1994

Как организовать и проводить Альфа курс. Рассказывая другим. Никки Гамбл. (перевод с англ. М.Н. Савельева) – М.: Централизованная религиозная организация христиан веры евангельской «Харизма», служение «Альфа курс» 107564, г. Москва, ул. Краснобогатырская, д.38, стр.2, тел. (495) 963-35-11, e-mail: info@alphacourse.ru; www.alphacourse.ru

2010-240 с/
ISBN 978-5-904512-20-0

Книга «Как организовать и проводить *Альфа* курс. Рассказывая другим» предназначена для церквей, которые хотели бы начать *Альфу*. Она знакомит с основными принципами проведения курса и дает практические советы, которые успешно применяются множеством церквей по всему миру. Эта книга необходима каждому лидеру и помощнику *Альфа* курса, хотя многие принципы, изложенные в ней, могут найти и более широкое применение.

ISBN 978-5-904512-20-0 (рус.)

Содержание

Содержание

Введение

Какие чувства вызывает у вас нынешнее состояние церкви? Число прихожан постоянно сокращается, здания ветшают, складывается впечатление, что замысел Иисуса Христа близится к провалу. Как в этой обстановке нам, христианским служителям, не опустить рук? Апостол Павел, столкнувшись с теми же проблемами, все же нашел в себе силы сказать: «Посему, имея по милости Божией такое служение, мы не унываем» (2 Коринфянам 4:1).

Люди вовсе не перестали интересоваться духовными вопросами. Оккультизм, восточные религии, спиритизм и другие «заменители» веры влекут людей как всегда. Но вселенская пустота, существующая внутри человека, может быть заполнена только Богом и никем, и ничем другим. Мы в церкви Святой Троицы (Бромптон) на своем опыте убедились, что сегодня у людей с новой силой проявляется интерес к христианской вере и к тому, о чем говорил Иисус Христос. В то время как наше общество переживает постхристианский период, многие люди, не знающие основ христианства, хотят разобраться, кто же все-таки такой Иисус из Назарета. Особенно если при этом они попадают в дружественную атмосферу, где на них не давят, не осуждают и не пытаются дать понять, что они чего-то не знают. На *Альфа* курсе применяется именно такой подход к людям, чем, по-моему, и объясняется его успех. С одной стороны –

ясность изложения материала, с другой – возможность проанализировать правдивость утверждений Христа в обществе других, таких же как ты, ищущих людей. И все это в атмосфере любви и доброжелательности!

Никки Гамбл возглавил *Альфа* курс несколько лет назад и с тех пор постоянно совершенствовал его. Изучив тысячи анкет, он изменил курс таким образом, что люди, которые приходят, легко воспринимают предлагаемый материал. Никки пересмотрел все общепринятые методы проповеди Благой Вести, «обнажил» Евангелие до самой сути и сделал христианство привлекательным для современного человека.

Однако, не только усердная работа людей обеспечивает успех и развитие *Альфа* курса. Большое значение имеет присутствие Святого Духа, который оживляет курс от начала и до конца. Духовная жажда в сердцах тех людей, которые принимают участие в *Альфа* курсе, позволяет им почувствовать реальность Бога. И только Святой Дух может утолить эту жажду. У многих началась совершенно новая жизнь, когда они узнали силу Христа прощать, освобождать, давать все необходимое. Им был нужен Бог.

За время, пока эта книга готовилась к печати, в Великобритании и в других странах мира прошли сотни *Альфа* курсов. Количество посещающих эти курсы может быть разным: от маленькой группы в пять человек до огромных собраний вроде тех, что проходят в церкви Святой Троицы в Бромптоне, на которых собирается до тысячи участников.

Я знаю, что вам понравится эта книга. Также уверен, что если вы будете практиковать принципы, изложенные в ней, то увидите, как многие войдут в Божье Царство.

Санди Миллар, бывший викарий церкви Св. Троицы Бромптон (Лондон), ныне епископ по миссиям

Предисловие

Сегодня тысячи людей по всему миру принимают участие в десятинедельном *Альфа* курсе, на котором рассматриваются ключевые вопросы христианской веры. Курс предназначен как для тех, кто не являются членами церкви, так и для новообращенных христиан. В мае 1993 года церковь Святой Троицы в Бромптоне организовала конференцию для руководителей церквей, которые хотели бы проводить такой курс у себя. В конференции приняли участие более тысячи человек, и, как результат этого, по всей Великобритании образовались сотни новых *Альфа* курсов. С тех пор мы провели множество региональных конференций. Кроме того, нас все чаще приглашают организовывать международные конференции. День ото дня число действующих *Альфа* курсов растет. Мы опросили тысячи представителей церквей, в которых проходит *Альфа* курс, и пришли к выводу, что те, кто хотя бы раз побывал на конференции, добиваются значительно большей результативности курса. Учитывая это, мы настоятельно рекомендуем всей команде, принимающей участие в проведении *Альфа* курса, побывать на одной из конференций, которые сейчас регулярно проводятся по всему миру, в том числе и на территории бывшего СССР. Информацию о конференциях можно получить в Российском служении «*Альфа* курс».

Эта книга предназначена, прежде всего, для руководителей и членов церквей, которые хотят проводить *Альфа* курс. Однако многие принципы евангелизации, изложенные здесь, могут найти и более широкое применение.

В основе *Альфа* курса, который сейчас нацелен на неверующих и невоцерковленных людей, лежит программа обучения новообращенных. Все началось в 1977 г. в церкви Святой Троицы в Бромптоне, когда англиканский священник Чарльз Марнхам решил провести четырехнедельный *Альфа* курс для новообращенных христиан. В 1981 году за дело взялся Джон Ирвин. Он увеличил продолжительность курса до десяти недель и добавил занятия в уик-энд, на которых преподносилось учение о личности и работе Святого Духа. Когда в 1985 году Альфу возглавил Никки Ли, каждый курс насчитывал около тридцати пяти человек. Под его руководством это число превысило сотню. На сегодняшний день в каждом *Альфа* курсе участвуют более восьмисот человек (включая команду служителей), и ежегодно проводится три таких курса. Нам представляется разумным поделиться с другими тем, чему мы научились за эти годы.

В книге главы, где излагаются теологические принципы и даются практические рекомендации относительно проведения курса, чередуются с разделами, где представлены свидетельства людей, которые пережили серьезные изменения в своей жизни во время *Альфа* курса. Мы сохранили авторский стиль каждого свидетельства, записанного, что называется, «по свежим следам». Рассказ Найджела Скелси взят из его письма, написанного на следующий день после обращения ко Христу. Остальные основаны на материалах интервью, подготовленных главным редактором газеты «Фокус»

Марком Элсон-Дью (именно в этой газете они были впервые напечатаны), который любезно разрешил использовать данные материалы в моей книге.

Опыт, которым я хочу поделиться, связан с проведением *Альфа* курса в вечернее время. В Приложении Б содержится отчет об опыте проведения дневного курса, составленный Дедри Хёрст.

Хотелось бы выразить особую признательность Джону Соперу, который помогал мне в подборе материалов как для этой, так и для других книг, посвященных *Альфа* курсу. Я восхищен его работоспособностью, расторопностью и основательным подходом к делу, а также благодарен ему за весьма полезные советы и замечания.

Благодарю всех тех, кто редактировал текст, внося поправки и дополнения, от которых книга очень выиграла. Среди этих людей хотелось бы особенно отметить Джо Глена, Патрицию Холл, Элену Хёрд, Саймона Левелла, Кена Косту, Тамсена Картера, преподобного Алекса Уэлби, Джуди Каузак, Николь Хинсон, Криса Рассела и Саймона Даунхэма.

Наконец, огромное спасибо Филиппе Пирсон Майлз за составленное ею приложение об администрировании, за работу по перепечатке рукописи, за организацию всего проекта в целом и за проявленные при этом оперативность, энтузиазм в сочетании со спокойствием и терпением.

1

Принципы

Я не из тех, кого можно назвать «прирожденным евангелистом». Мне всегда было нелегко говорить людям об Иисусе Христе. Но у некоторых это получается совершенно естественно; для них нет ничего проще, чем разговаривать об Иисусе. Я слышал о человеке, который использовал для этого буквально каждую минуту. Если он оказывался на автобусной остановке, а транспорта долго не было, он тут же находил возможность завести разговор о «Втором Пришествии». Один мой друг рассказывает об Иисусе везде, где бы он ни находился, и делает это смело и непринужденно. Он заводит разговор с людьми, сидящими рядом в метро. Идя по улице, он легко может, повернуться к прохожему и заговорить с ним об Иисусе. Однажды он вместе с женой и детьми оказался в ресторане. В разгар веселья он ударил кулаком по столу и потребовал тишины, а затем встал и в течение нескольких минут проповедовал Евангелие. Он рассказывал, что после этого люди подходили к нему и благодарили за услышанное. У меня так не получается.

Когда более 30 лет назад я стал христианином, то пришел от этого события в такой восторг, что захотел, чтобы все вокруг последовали моему примеру. Через несколько дней после обращения я отправился на вечеринку с намерением рассказать о случившемся со мной всем и каждому. Среди танцующих я увидел знакомую девушку. «Ей необходимо понять, в чем она действительно нуждается», – решил я и, подойдя к ней, сказал: «Ты ужасно выглядишь. Тебе нужен Иисус». Она подумала, что я сошел с ума. Так что мой способ донесения Благой Вести оказался не самым эффективным. (Но несмотря на это, позже она все-таки стала христианкой, совершенно независимо от меня, и теперь она – моя жена!)

Если мы ведем себя как слон в посудной лавке, то рано или поздно случится неизбежное: мы нарвемся на боль. Нам могут причинить боль, даже если мы будем стараться вести себя деликатно. Получив несколько раз по «шапке», мы пускаемся в другую крайность: вообще стараемся не высовываться. Так, по крайней мере, было со мной. После нескольких лет бездумных атак на неверующих людей я стал бояться даже простых разговоров об Иисусе с нехристианами. По иронии судьбы это время совпало с периодом моего обучения в теологическом колледже. Мы как раз проходили «практику» в предместье Ливерпуля, в одном из приходов. Учились нести людям Добрую Весть. Однажды вечером моего друга Руперта и меня отправили к супружеской паре, которую нельзя было назвать посвященными членами церкви. То есть, если быть точным, жену нельзя было назвать посвященным членом церкви, а муж вообще в церковь не ходил. Мы уже почти прикончили второе блюдо, когда муж вдруг спросил меня, зачем мы сюда приехали. Я стал мяться, заикаться, понес какую-то чушь. А он все повторял и повторял свой вопрос. В конце концов Руперт не выдержал и сказал прямо: «Мы приехали, чтобы говорить людям об Иисусе». Я так смутился, что мечтал только об одном: провалиться сквозь землю. Страх настолько сковал меня, что я боялся даже произнести имя Иисуса.

С тех пор я стал искать способ рассказать о своей вере, подходящий для обычных людей, вроде меня. Чтобы те, кто не являются «прирожденными евангелистами», тоже могли рассказывать о Христе друзьям, родным и коллегам и не впадать при этом в крайности: испытывая робость или действуя нетактично. Поэтому я очень обрадовался, узнав про *Альфа* курс. Этому курсу можно дать простое определение: «Способ евангелизации, доступный обыкновенным людям».

Недавно проведенные исследования показали, что в течение 1990-х годов число посещающих воскресные богослужения в Британии сократилось примерно на миллион. Подавляющее большинство жителей Великобритании не ходят церковь, а многие из тех, кто ходят, посещают ее только на Рождество или Пасху. Вследствие этого моральный климат в обществе ухудшился. В 1992 году, когда была готова первая редакция этой книги, каждый день в Британии регистрировалось по меньшей мере 470 бракоразводных процессов, 170 младенцев рождалось от матерей-подростков и 500 детей погибало в результате абортов. Вдобавок, каждые шесть секунд совершалось, по крайней мере, одно преступление, а каждые две минуты происходило нападение с применением силы. Хотя в стране насчитывалось 30000 христианских служителей различных категорий, официально зарегистрированных колдунов и гадалок было еще больше – более 80 000. За последние 10 лет ситуация особенно не улучшилась.

В то же время повсюду можно наблюдать появление ростков новой жизни. Образуются новые приходы, во многих церквях заметен рост числа прихожан, иногда медленный, а иногда просто потрясающий. Благодаря волне пробуждения появляются новые христианские служения. Одним из таких ростков является *Альфа* курс.

И все мы, кто в нем участвуют, ощутили необычайное Божье благословение.

Конечно, я понимаю, что нам нужно быть осторожными, когда мы называем что-либо работой Божьей. Я знаю историю об одном человеке, который подошел к проповеднику после его выступления и сказал: «Это была потрясающая проповедь». Проповедник в порыве благочестивой скромности отклонил комплемент: «О, это говорил не я, это был Господь», на что его собеседник ответил: «Ну что вы, Господь сделал бы это гораздо лучше!» Говоря о своей вере в то, что *Альфа* курс является действием Божьим, я вовсе не претендую на то, что этот курс совершенен. Уверен, что он в огромной степени испорчен нашими человеческими недостатками и вообще человеческой слабостью. Можно многое улучшить, и мы стараемся внимательно слушать конструктивную критику. Также мы не считаем, что данный курс – единственный метод евангелизации, который Бог благословляет. Совсем нет. Тем не менее, все признаки указывают на необычайное действие Божье, и мы очень благодарны Ему за это.

Когда *Альфа* курс только начинал набирать обороты, я подумал: разве то, что родилось в центре Лондона, может работать где-то еще? Теперь этот курс проводят более чем в ста странах: Зимбабве, Кении, Норвегии, Дании, Швеции, Германии, Малайзии, Австралии, Новой Зеландии, Японии, Индии, Корее, России, США, Канаде и других государствах.

Во время недавней конференции в Зимбабве я узнал, что, оказывается, *Альфа* курс проводят не только для белых англоязычных граждан, но и для тех, кто говорит на языке шона. В Зимбабве проживает около 10 миллионов человек. 90 тысяч из них – белые. Но более 90 процентов – чернокожие, родной язык которых – шона. На той конференции я познакомился с человеком по имени Эдвард Нгамуда. Он сам сначала прошел *Альфа* курс в Англии, а потом захотел проводить его на языке шона. У одной пары – они пришли к вере во Христа на *Альфа* курсе – есть ферма, на которой заняты 900 работников. Они попросили Эдварда провести курс для своих работников. Первый курс прошли 30 человек, а второй – 50. Я спросил его, были ли среди пришедших на курс христиане. Оказалось, что нет. Один был мусульманин, другой – лекарь-шаман, а третий – многоженец. Я поинтересовался, как же этот многоженец попал на *Альфа* курс. Оказалось, что одна из его жен закончила первый курс, а на следующий привела своего мужа и двух других его жен! Эдвард уверял меня, что *Альфа* курс на языке шона более результативен, чем на английском. Тогда я начал понимать, что курс, стартовавший в Лондоне, может успешно работать в разных странах и культурах. Почему?

Уверен, что это происходит потому, что *Альфа* курс основывается на шести принципах Нового Завета. И в первой главе я хочу рассмотреть каждый из этих принципов по очереди.

Евангелизация наиболее эффективна через поместную церковь*

Джон Стотт, автор многих книг, описал евангелизацию через поместную церковь как «естественный и продуктивный метод распространения Евангелия сегодня». Аналогично этому в марте 1998 г. высказался Иоанн Павел II, когда подчеркнул, что община или приход должны быть основными инициаторами евангели-

* Миссиолог Дэвид Бош определил евангелизацию как провозглашение спасения во Христе тем, кто в Него не верит, призыв к покаянию и обращению, объявление прощения грехов, приглашение присоединиться к живой христианской общине и начать служить другим в силе Святого Духа.

зации.

Для этого есть как минимум четыре причины.

Что вы видите, то и получаете

Совершенно очевидно, что миссионерские служения и евангелизационные выступления в стиле Билли Грэма в значительной мере были использованы Богом. Они поднимают престиж церкви и до сих пор являются эффективными способами приведения людей ко Христу. Мы часто отправляем миссионерские команды в университеты, в другие места и ценим значение и плодотворность этого вида евангелизации. Но постоянные плоды миссии приносят обычно тогда, когда входят в структуру уже действующей программы евангелизации поместной церкви, потому что в этом случае начинает проявляться преимущество продолжительных отношений. Человек обратился к христианской вере во время масштабной евангелизации, и ему дают адрес поместной церкви. Но, придя туда, он может разочароваться, обнаружив, что атмосфера церкви коренным образом отличается от атмосферы того мероприятия, которое изначально его привлекло, и поэтому он в конце концов перестает ходить в церковь. Иногда именно поэтому так трудно продолжать активную деятельность после крупных евангелизационных мероприятий. А если человек знакомится с христианством в своей поместной церкви, то привыкает и к месту, и к людям, поэтому, скорее всего, останется в церкви. Судя по опыту, полученному нами при проведении *Альфа* курсов, многие люди сначала заводят дружеские отношения, а уже потом приходят к вере.

Это мобилизует целую армию евангелистов

Во многих церквях есть люди с нераспознанными дарами, которые могли бы пригодиться в ходе евангелизации. Опрос показал, что в американских церквях только 10% прихожан участвуют в каком-либо виде служения. При этом другие 40% хотели бы участвовать, но не знают, с чего начать. Эта группа людей – золотая жила.

Примерно треть всех участников каждого *Альфа* курса – это лидеры дискуссионных групп и их помощники. И то, что каждый из них делает, – это самая настоящая евангелизация. Сейчас в проведении курса заняты десятки тысяч членов церкви. Стив Морган, настоятель собора в Южном Уэльсе, написал об этом так:

Предыдущие поколения могли только мечтать о том, чтобы евангелизация стала занятием обычных людей. Даже мысль о евангелизации приводила их в ужас. Сегодня многое меняется на глазах. Появился новый метод проповеди Евангелия, который, возможно, войдет в историю. Если раньше только некоторые, самые открытые и общительные, осмеливались говорить о Христе, то теперь практиковать это может любая, даже самая маленькая и скромная старушка. Евангелизация стала доступна каждому человеку независимо от его характера и темперамента, и может происходить в любой церкви, в любое время и с любыми людьми. Видимо, многие годы вся нация молилась об этом, о будущих поколениях.

В основе всего лежат дружеские отношения

Альфа курс копирует модель евангелизации, описанную в Новом Завете: Петра привел его брат Андрей; Филипп привел своего друга Нафанаила; женщина у колодца, вернувшись, рассказала о Христе всему городу; сборщик налогов Матфей пригласил к себе в дом коллег по работе, чтобы они могли познакомиться с Иисусом.

План работы *Альфа* курса таков: люди приходят ко Христу и переживают исполнение Святым Духом. Они понимают, как чудесно, важно и необходимо для них то, что Бог сделал через Иисуса Христа, и делятся этим со своими друзьями, родственниками и коллегами, некоторые из которых в результате тоже приходят ко Христу и переживают исполнение Святым Духом. Их сердца тоже покоряет Иисус, и они, в свою очередь, рассказывают об этом своим друзьям, родственникам и коллегам. Таким образом, мы постоянно прорываемся во все новые круги неверующих людей.

Чем больше «выпускников» курса, тем больше потенциальных участников

Крусейд, или «стадионная» евангелизация может быть очень успешной, но она все же чрезвычайно ограничена и во времени, и в пространстве. А если бы все поместные церкви в мире постоянно проводили продолжительные евангелизационные мероприятия, ко Христу каждый месяц приходили бы новые люди и приводили своих друзей, а те – своих. Представляете, как быстро весь мир узнал бы Христа!

Майкл Грин, советник по вопросам евангелизации при Архиепископе Кентерберийском и Йоркском, в книге «Евангелизация через поместную церковь» пришел к выводу о необходимости такого рода евангелизации:

> *«Всегда, когда христианство достигало периода расцвета, евангелизация исходила от поместной церкви и оказывала заметное влияние на окружающих. Я не верю, что повторная христианизация Запада может произойти без обновления поместных церквей, особенно в сфере евангелизации. Нужно, чтобы христианская вера преподносилась обдуманно, беспрерывно, в соответствии с обстановкой вокруг, и словом и делом, в теплой, наполненной молитвой атмосфере живой поместной церкви, которой действительно не все равно, что происходит в обществе… Такая евангелизация, осуществляемая в стенах поместной церкви и за ее пределами, не только крайне необходима, но и… возможна, она обладает выдающимся потенциалом. Я уверен, что именно такой способ евангелизации наиболее естественен и действенен,*

он приносит долгосрочный результат. Если бы поместные церкви, исполненные любви и готовности выйти за пределы своих стен, были заняты евангелизацией того района, в котором они расположены, многие из наших евангелизационных кампаний, миссий и собраний перестали бы быть необходимыми».

Евангелизация – это процесс

Обращение в веру может произойти мгновенно, но оно является частью процесса. Говоря о начале духовной жизни, Иисус использовал выражение «родиться свыше» (Иоанна 3:3), и в Новом Завете верующие называются детьми Бога. Само рождение ребенка происходит довольно быстро, но существуют гораздо более длительные процессы до и после этого. В Библии много образов, раскрывающих тему духовного роста: некоторые взяты из сельского хозяйства, другие – из строительства или из сферы путешествий. Но все они подразумевают процесс, требующий определенного времени.

Альфа – это десятинедельный курс, который включает в себя пятнадцать тем, звучащих в том числе на уикэнде и заключительном праздничном вечере. Конечно, мы не ждем, что люди отзовутся на призыв Христа на первой же встрече (хотя некоторые откликаются). Мы понимаем, что им нужно время, чтобы подумать, посмотреть, послушать, обсудить сложные вопросы, разобраться в них. Люди приходят на курс, находясь на разных стадиях духовного развития.

Некоторые уже являются христианами, хотя позже признают, что до начала курса не имели настоящего общения с Богом. Другие стоят на пороге нового рождения. Кто-то отдал свою жизнь Христу на заключительном вечере предыдущего курса или на гостевом служении до начала нового витка *Альфы*. Есть и такие, кто приходит к вере через свидетельство члена своей семьи или друга. Многие бывают далеки от веры, когда начинают посещать курс. Встречаются и убежденные атеисты, и представители движения «Новый век», и приверженцы других религий или культов. Кто-то ведет образ жизни, весьма далекий от христианского: алкоголик, азартный игрок, гомосексуалист или человек, живущий в «гражданском браке». Мы приглашаем их всех. Возможно, некоторые из них пройдут весь курс, но так и не станут христианами; но мы надеемся, что после этого курса они не смогут сказать, что никогда не слышали Евангелия. Другие отдадут свою жизнь Христу во время курса. В любом случае, *Альфа* курс всем им даст возможность сделать шаг вперед в их отношениях с Богом.

Так как *Альфа* курс растянут на два с половиной месяца и включает пятнадцать тем, во время его проведения можно рассмотреть гораздо больше вопросов, касающихся христианской веры, чем на одном евангелизационном собрании. Приведу пример. Это было в 1994 году. Я заметил человека, который стоял в дальнем конце комнаты, и на лице у него были написаны подозрительность и беспокойство. Когда я представился ему, он заявил, что не собирался сюда приходить, и что его притащили против его воли. Я сказал: «Прекрасно! Разрешите мне представить Вас другим одиннадцати человекам, которые тоже не хотели сюда приходить», и пригласил присоединиться к нашей дискуссионной группе. В конце вечера я услышал его разговор с одним из участников группы:

«Вы придете на следующей неделе?»

Тот ответил: «Да, приду».

«Что ж, тогда я тоже приду».

После шестой встречи он признался мне: «Этот курс – как мозаичная головоломка, где картина складывается из маленьких кусочков. Каждый раз я прихожу сюда, и новый фрагмент мозаики встает на свое место. Теперь я уже понимаю, что в итоге получится целая картина».

Так как *Альфа* курс – длительный процесс, у людей есть возможность пересмотреть отношение к христианской церкви, которое часто можно охарактеризовать словами «цинизм», «скептицизм» и «недоверие». Требуется время, чтобы люди начали вам доверять. Я не имел понятия о масштабах этого недоверия, пока не узнал, что один человек не прикасался к еде первые три недели, потому что боялся, что в пищу могут быть подсыпаны наркотики. Это, конечно, исключительный случай, но многие действительно подозревают церковь в вымогательстве у людей денег, запудривании мозгов и прочем. Чтобы разрушить эти представления, может потребоваться несколько недель. Когда гости лучше узнают лидеров своей дискуссионной группы, они начинают понимать, что те не держат «камня за пазухой». Тогда возникает достаточный уровень доверия, и гости начинают прислушиваться к тому, что им говорят.

Евангелизация направлена на всю личность целиком

Евангелизация – это призыв к личности человека во всей ее многогранности. Папа Римский Иоанн Павел II, обращаясь к епископам Японии, говорил, что «евангелизация... должна касаться умов и сердец людей, обращаться к их совести и затрагивать всю их сущность». Действительно, каждая тема *Альфа* курса направлена к разуму, сердцу, совести и воле человека, хотя в некоторых темах акцент ставится на чем-то одном.

Мы обращаемся к разуму, потому что верим, что христианство основывается на исторических фактах:

на жизни, смерти и воскресении Иисуса Христа. Мы проповедуем «Иисуса Христа, и притом распятого» (1 Коринфянам 2:2). В ход идут все имеющиеся аргументы, и в этом мы следуем примеру апостола Павла (см., например, Деяния 18:4). Все, чему мы учим, обязательно имеет библейское основание, мы всегда ссылаемся на библейский текст. От людей не требуется совершать «слепой прыжок веры».

Мы надеемся, что они сделают шаг веры, подготовленный доводами разума.

Во-вторых, мы обращаемся к сердцу. Наше послание не требует лишь интеллектуального соглашения с рядом утверждений; скорее оно призывает людей к отношениям любви с Иисусом Христом. Джон Стотт написал:

> *«Духовное не исключает, а даже наоборот, дает много места эмоциональному. Служение Святого Духа… не ограничивается просвещением нашего разума и снабжением нас знаниями о Христе. Он еще и изливает Божью любовь в наши сердца, таким образом свидетельствуя нашему духу, что мы – дети Божьи, ибо Он велит нам говорить «Авва, Отче» и восклицать с благодарностью: «Смотрите, какую любовь дал нам Отец, чтобы нам называться и быть детьми Божиими!»… Думаю, что епископ Хэндли Мул в конце прошлого века дал хороший совет: «Остерегайтесь равным образом как непосвященного богословия (т.е. разума без сердца), так и небогословской посвященности (т.е. сердца без разума)».*

Грэхем Крэй, епископ Мейдстоуна и директор теологического колледжа в Кембридже, очень точно охарактеризовал современную культуру, сказав, что она находится в процессе перехода от Просвещения к чему-то новому. В Просвещении над всем царил разум, и объяснение вело к переживанию*. Однако в существующей переходной культуре с ее «собери-и-смешай» мировоззрением, наоборот, переживания предшествуют объяснению, и ярким идеологом такой позиции является движение «Новый век».

Во время *Альфа* курса я обнаружил, что люди, которые были воспитаны, по существу, культурой Просвещения, хорошо воспринимают те части курса, которые обращаются к разуму, но заходят в тупик там, где необходимо переживание Святого Духа. На других, пришедших из движения «Новый Век», рациональные и исторические объяснения не производят впечатления, но как только наступает уик-энд, они оказываются как рыба в воде в присутствии Духа. Они всегда искали подобных переживаний, но всё, что они знали раньше, оставляло их неудовлетворенными, и только в духовных отношениях с Богом через Иисуса Христа их голод удовлетворялся.

Евангелие обращается и к разуму, и к чувствам. Оно способно восполнить как нужды тех, кто вырос под влиянием культуры Просвещения и испытывает недостаток в переживании Бога, так и тех, кому переживания привычны, но не хватает понимания истины о Боге.

---

* «Объяснение вело к переживанию» – этим словосочетанием описано мировоззрение, при котором только то, что имело разумное объяснение (в том числе и эмоции), имело право на существование. Оно противопоставляется современному взгляду на мир, отразившемуся в модернизме, который провозгласил равенство формы и содержания и даже главенство первой. Таким образом «то, что я чувствую» стало важнее того, что говорит об этом разум, сначала «я чувствую», а потом уже ищу этому объяснение (прим. перев.).

В-третьих, мы стараемся затронуть совесть. Как писал апостол Павел: «Но, отвергнувши скрытные постыдные дела, не прибегая к хитрости и не искажая слова Божия, а открывая истину, представляем себя совести всякого человека пред Богом» (2 Коринфянам 4:2). У каждого человека есть совесть – находящаяся где-то глубоко внутри нас способность различать, что хорошо, а что плохо. Когда Дух Святой обличает человека в грехе, Он, как правило, говорит с его совестью. Так что совесть людей, если можно так выразиться, «играет на нашей стороне». В течение всего курса мы тревожим их совесть, увещевая их покаяться и обратиться к Богу.

В-четвертых, мы стараемся обращаться к воле. Никто не может прийти к Отцу, пока Бог не призовет его, как сказал Иисус: «Никто не знает Сына, кроме Отца; и Отца не знает никто, кроме Сына, и кому Сын хочет открыть» (Матфея 11:27). С другой стороны, в следующем стихе Иисус говорит: «Приидите ко Мне, все труждающиеся и обремененные, и Я успокою вас» (Матфея 11:28). Другими словами, Он призывал к решению.

Существует различие между обращением к воле и давлением на людей. На *Альфа* курсе мы стараемся избегать любых форм давления. Мы не произносим бесконечных призывов к покаянию и не гоняемся за людьми, если они не приходят на очередную встречу: все зависит от их решения. В течение десяти недель, молясь и позволяя Святому Духу совершать Его работу, мы даем людям возможность принять решение, но все это время мы действительно непрерывно обращаемся к их воле.

Новозаветные виды евангелизации: классическая, холистическая и евангелизация в силе Святого Духа

Грэхем Томлин, проректор Теологического колледжа в Оксфорде, сосредотачивает внимание на трёх видах евангелизации. Такое разделение условно, так как эти виды не исключают один другого и часто идут вместе, что, мы надеемся, и происходит на *Альфа* курсе.

Классическая евангелизация – евангелизация словом

Во-первых, существует так называемая классическая евангелизация, которая заключается в «провозглашении неизменного послания». Несомненно, провозглашение Евангелия Иисуса Христа лежит в сердцевине *Альфа* курса: в первой теме говорится о божественности Христа, во второй – о Его смерти за нас на кресте; каждая тема уделяет внимание определенному принципу христианской веры и жизни.

Мы вовсе не считаем, что можно «подредактировать» апостольский вариант Благой Вести. Но все же нужно учитывать, что мы получили это послание в специфической «упаковке»: национальной, культурной, исторической. Каждое новое поколение должно заботиться о том, чтобы «упаковка» не оказалась «сейфом», внутрь которого никто не может проникнуть. Суть послания, его смысл должен сохраняться неизменным, а «упаковку» необходимо «развернуть», чтобы люди нового времени могли его понять в условиях той культуры, в которой находятся. Мартин Лютер перевел Писание на простой немецкий язык, а лютеранская церковь приспособила для прославления популярные народные песни. Методисты под руководством братьев Уэсли решили отказаться от «высокопарности, чтобы стать понятными простым людям, и, выражая свои мысли, использовать самые простые и доходчивые слова». А генерал Вильям Бут, основатель Армии спасения, сказал ставшую знаменитой фразу: «Почему все хорошие мелодии должны принадлежать дьяволу?»

Папа Иоанн Павел II говорил: «То наследие христианской веры, которое является вечным и неизменным, в современном мире требует новых методов его презентации». Папа Павел VI написал в том же ключе:

> *«Будучи пастырями церкви, мы ответственны за то, чтобы смело и с мудростью изменять форму подачи Благой Вести, полностью сохраняя ее содержание. Нужно заботиться о том, чтобы проповедь Евангелия была эффективной и лучше воспринималась современниками... Поместные церкви должны выявить суть Благой Вести и «перевести» ее, ни в малейшей степени не исказив истины, на язык, понятный тем людям, которым они хотят ее донести, и проповедовать на этом языке».*

Холистическая евангелизация – евангелизация делом

Второй вид – холистическая евангелизация*. Как писал Джон Стотт: «Мы убеждены, что в этом, сотворенном Богом мире, Он наделил нас социальной ответственностью в той же мере, в какой наделил ответственностью проповедовать Евангелие».

Евангелизация идет рука об руку с социальной деятельностью. Последняя означает отстаивание социальной справедливости и борьбу с несправедливостью, бесчеловечностью, неравенством, а также благотворительное служение, направленное на восполнение человеческих нужд, борьбу с голодом, нищетой, бездомностью. На *Альфа* курсе мы пытаемся с помощью учения и личного примера избегать показной набожности, веря,

---

* Холистический – от слова «холизм»: философия целостности; философская система, основанная на принципе единства и взаимосвязи. Холистический означает целостный. Здесь: включающий все стороны жизни (прим. перев.).

что евангелизация в своей основе связана с социальной ответственностью.

Епископ Лесли Ньюбигин сказал:

«Христианские благотворительные проекты... если они не совмещаются с духовной жизнью общины, полной поклонения и святости... теряют знаки присутствия Христа и могут превратиться в крестовый поход моралистов, который приводит к самоправедности. А те общины, которые хоть и живут в постоянном поклонении, но не выражают сострадания к миру делом, рискуют превратиться в замкнутое, сконцентрированное на себе самом сообщество, в котором служат только его членам».

Евангелизация в силе Святого Духа – евангелизация, подтверждаемая чудесами

Третье – это евангелизация, сопровождаемая сверхъестественным проявлением силы Святого Духа (см. 1 Коринфянам 2:1-5). Мы рассматриваем этот вид евангелизации, так как твердо верим, что он полностью основан на событиях и практике Нового Завета.

Ранние новозаветные тексты воспринимались как повествовательные, и принято было считать, что на них одних нельзя было построить учение. Но исследователи Нового Завета убедительно доказали, к удовлетворению многочисленных богословов, что авторы Евангелий были не только историками, но и теологами. Павел и авторы других посланий использовали различные литературные формы, чтобы передать теологию Нового Завета. В Евангелиях центральной темой учения Иисуса является Царство Божие. Пришествие Царства проявляется не только в устном провозглашении Евангелия, но и в видимой демонстрации знамений и чудес. Все авторы Евангелий считали, что чудеса должны продолжаться и в дальнейшем.

Это становится очевидным, если рассмотреть, каким образом строит повествование Матфей. Он говорит нам, что «ходил Иисус по всей Галилее, уча в синагогах их и проповедуя Евангелие Царствия и исцеляя всякую болезнь и всякую немощь в людях» (Матфея 4:23). Затем, в главах 5-7, Матфей излагает часть учения и проповеди Иисуса (Нагорная проповедь), потом девять чудес (в основном исцеления) и заканчивает почти точным повторением 23-го стиха 4-й главы: «И ходил Иисус по всем городам и селениям, уча в синагогах их, проповедуя Евангелие Царствия и исцеляя всякую болезнь и всякую немощь в людях» (Матфея 9:35). Матфей использует литературный прием повторения, известный как «inclusio», когда небольшой фрагмент текста появляется в начале и в конце определённого раздела, тем самым как бы обособляя его. Показав сначала, что делал Сам Иисус, Матфей говорит нам, что затем Иисус послал двенадцать человек делать то же самое. Он приказал им идти в мир и проповедовать то же послание: «...Приблизилось Царство Небесное; больных исцеляйте, прокаженных очищайте, мертвых воскрешайте, бесов изгоняйте...» (Матфея 10:7-8)

В заключительной части своего Евангелия Матфей совершенно ясно дает понять, что Иисус наказал всем Своим ученикам идти и научить «все народы... уча их соблюдать все, что Я повелел вам» (Матфея 28:19-20). Речь здесь наверняка идет не только о Его морально-этическом учении, но и о тех делах, которые Он поручал им исполнять ранее.

В Евангелии от Марка мы видим похожую модель. Марк говорит нам, что Иисус провозглашал Благую Весть (см. Марка 1:14 и далее), подкрепляя ее чудесами и знамениями (см. Марка 1:21 и далее). Царство Божье было торжественно представлено Иисусом здесь, на земле, и продолжает распространяться по сей день. Нет причин, по которым основополагающая природа этого Царства должна быть изменена. В «затяжном» финале Евангелия от Марка (даже если он был дописан во времена ранней церкви, это только доказывает веру учеников Иисуса в Его поручение творить чудеса), Иисус сказал: «Идите по всему миру и проповедуйте Евангелие всей твари... Уверовавших же будут сопровождать сии знамения: именем Моим будут изгонять бесов... возложат руки на больных и они будут здоровы». После этого ученики пошли и «проповедовали везде, при Господнем содействии и подкреплении слова последующими знамениями» (Марка 16:15-20,). Иисус говорит: «Уверовавших же будут сопровождать сии знамения», то есть тех, кто верит в Иисуса Христа, иначе говоря – всех христиан.

Чтобы понять теологию Луки, нам нужно рассмотреть одновременно Евангелие Луки и Деяния. Лука говорит нам в своем Евангелии: «Созвав же двенадцать, дал им силу и власть над всеми бесами, и врачевать от болезней, и послал их проповедывать Царствие Божие и исцелять больных» (Луки 9:1-2). Но Иисус не ограничивается двенадцатью. Подобное поручение Он дает семидесяти двум, приказав им: «Исцеляйте... больных, и говорите им: «приблизилось к вам Царствие Божие» (Луки 10:9).

В книге Деяний чудеса и исцеления продолжаются, хотя Иисуса уже нет на земле. После излияния Святого Духа происходят самые разнообразные чудеса: от говорения на языках до воскрешения мертвых. Эти доказательства силы продолжаются до последней главы (см. Деяния 28:7-9). В Деяниях Апостолов мы видим, как ученики исполняют поручение Иисуса: продолжают проповедовать и учить, а также исцелять больных, воскрешать мертвых и изгонять бесов (Деяния 3:1-10; 4:12; 5:12-16; 8:5-13; 9:32-43; 14:3, 8-10; 19:11-12; 20:9-12; 28:8-9).

Описание чудес, совершаемых в силе Духа, не ограничено синоптическими Евангелиями. В Евангелии от Иоанна сообщается о том, что Иисус сказал, совершая чудеса: «Верующий в Меня, дела, которые творю Я, и он сотворит, и больше сих сотворит; потому что Я к Отцу Моему иду» (Иоанна 14:12). Конечно, никто никогда не совершал чудес больших, так сказать, по качеству, чем Иисус. Но что касается количества, то их произошло гораздо больше с тех пор, как Иисус вернулся к Отцу. Иисус не прекратил совершать чудеса, но сейчас Он делает это руками слабых и несовершенных человеческих существ. И снова здесь говорится: «Верующий в Меня» – то есть все христиане. Эти повеления и обетования относятся не только к какой-то особой категории людей.

На знамения и чудеса опирался Павел, провозглашая Евангелие (см. Римлянам 15:19). Из Первого Послания к Коринфянам 12-14 становится ясно, что Павел не верил, что подобные способности предназначались только апостолам, и он ожидал, что в активной и духовно здоровой церкви будут очевидно проявляться дары Духа. Он говорит о «дарах исцеления», «чудотворения», «пророчества», «говорения на разных языках» и «истолкования языков». Он говорит, что эти дары даны различным членам Тела Христа и что они являются действием Духа (см. 1 Коринфянам 12:7-11).

Нигде в Новом Завете не говорится, что эти дары прекратятся в конце века апостолов. Напротив, Павел утверждает, что они прекратятся только когда «настанет совершенное» (1 Коринфянам 13:10). Некоторые считают, что «совершенное» -это время формирования канона Писания, и говорят, что, поскольку мы сейчас имеем Библию, то не нуждаемся в «несовершенных» духовных дарах. Однако, исходя из контекста этого стиха, можно сделать вывод, что Павел отождествляет «совершенное» с возвращением Иисуса. Мир все еще не совершенен, и мы еще не видим Иисуса «лицем к лицу», не обладаем абсолютным знанием, но знаем только «отчасти» (1 Коринфянам 13:12). Это «совершенное» произойдет лишь тогда, когда Иисус вернется, и тогда в дарах больше не будет необходимости. Но до этого момента они являются важной частью «всеоружия» церкви. В самом деле, судя по этому месту Писания, Павел ожидал, что действие даров не прекратится вплоть до возвращения Иисуса.

Автор Послания к Евреям также говорит, что Бог подтверждает Свое Евангелие «знамениями и чудесами, и различными силами, и раздаянием Духа Святого» (Евреям 2:4). Нигде в Библии не сказано, что сверхъестественное проявление силы Святого Духа ограничивается каким-то особым периодом истории. Напротив, подобные знамения и чудеса являются частью Царства, о начале которого заявил Иисус Христос и которое продолжается по сей день. А значит, мы и сегодня можем увидеть сверхъестественное проявление силы Святого Духа как часть деятельности Его Царства и как подтверждение Благой Вести. Но все же самое главное, на что мы обращаем внимание людей, – это не знамения и чудеса, а Бог любви, Который совершает их.

Евангелизация в силе Святого Духа динамична и эффективна

В день Пятидесятницы проповедь Петра сопровождалась такой силой, что люди «умилились сердцем» и 3000 человек обратилось к Господу (см. Деяния 2:37-41). Но на этом чудеса не прекратились: «Был же страх на всякой душе; и много чудес и знамений совершилось через Апостолов... Господь же ежедневно прилагал спасаемых к Церкви» (Деяния 2:43-47).

Далее опять следуют чудесные исцеления (см. Деяния 3:1-10). Люди диву давались и прибегали, чтобы узнать, что происходит (см. Деяния 3:11). Петр и Иоанн проповедовали Евангелие с дерзновением: «Видя смелость Петра и Иоанна и приметив, что они люди некнижные и простые, они удивлялись, между тем узнавали их, что они были с Иисусом; видя же исцеленного человека, стоящего с ними, ничего не могли сказать вопреки» (Деяния 4:13-14). Власти не знали, что предпринять, потому что «все прославляли Бога за происшедшее; ибо лет более сорока было тому человеку, над которым сделалось сие чудо исцеления» (Деяния 4:21-22).

События развивались динамично:

«Руками же Апостолов совершались в народе многие знамения и чудеса; и все единодушно пребывали в притворе Соломоновом; из посторонних же никто не смел пристать к ним, а народ прославлял их. Верующих же более и более присоединялось к Господу, множество мужчин и женщин, так что выносили больных на улицы и полагали на постелях и кроватях, дабы хотя тень проходящего Петра осенила кого из них. Сходились также в Иерусалим многие из окрестных городов, неся больных и нечистыми духами одержимых, которые и исцелялись все» (Деяния 5:12-16).

Люди продолжали обращаться к Богу. «И слово Божие росло, и число учеников весьма умножалось в Иерусалиме; и из священников очень многие покорились вере» (Деяния 6:7). Это происходит на протяжении всей книги Деяний Апостолов. Когда Павел и Варнава пришли в Иконию, они «говорили так, что уверовало великое множество Иудеев и Еллинов» (Деяния 14:1). «Они пробыли здесь довольно времени, смело действуя о Господе, Который, во свидетельство слову благодати Своей, творил руками их знамения и чудеса» (Деяния 14:3). В Листре был исцелен калека, который никогда не ходил (см. Деяния 14:8). В Дервии они проповедовали «Евангелие сему городу» и приобрели «довольно учеников» (Деяния 14:21).

Далее Лука рассказывает, что случилось с двенадцатью мужами в Ефесе. «И, когда Павел возложил на них руки, нисшел на них Дух Святый, и они стали говорить иными языками и пророчествовать» (Деяния 19:6). Потом в том же Ефесе «Бог же творил не мало чудес руками Павла, так что на больных возлагали платки и опоясания с тела его, и у них прекращались болезни, и злые духи выходили из них» (Деяния 19:11-12).

И далее не происходит ничего похожего на уменьшение силы. Наоборот, действие становится все динамичнее. В самой последней главе мы читаем о том, как Павел исцелил отца Публия: тот «лежал, страдая горячкою и болью в животе: Павел вошел к нему, помолился и, возложив на него руки (свои), исцелил его. После сего события и прочие на острове, имевшие болезни, приходили и были исцеляемы» (Деяния 28:8-9). На протяжении всего рассказа мы видим динамику становления Божьего Царства, сопровождаемого обращением людей в христианскую веру, чудесными знамениями, исцелениями, видениями, говорением на языках, пророчествами, воскресением из мертвых и изгнанием нечистых духов. Тот же самый Бог действует сегодня посреди нас. Евангелизация сегодня может быть динамичной и эффективной.

ЭФФЕКТИВНАЯ ЕВАНГЕЛИЗАЦИЯ ТРЕБУЕТ ПОСТОЯННОГО ИСПОЛНЕНИЯ ДУХОМ

Иисус сказал Своим ученикам: «Вы примете силу, когда сойдет на вас Дух Святый, и будете Мне свидетелями в Иерусалиме и во всей Иудее и Самарии и даже до края земли» (Деяния 1:8). В день Пятидесятницы обетование Иисуса было исполнено, и «исполнились все Духа Святого и начали говорить на иных языках, как Дух давал им провещавать» (Деяния 2:4).

Однако этим дело не закончилось. Позже мы читаем о Петре, который опять был исполнен Духом Святым (см. Деяния 4:8). Еще позже ученики (включая Петра) вновь исполнились Духом (см. Деяния 4:31). Исполнение Духом Святым – это не одноразовое переживание. Павел побуждает христиан в Ефесе: «Исполняйтесь Духом» (Ефесянам 5:18) и подчеркивает, что это нужно делать снова и снова. Профессор Уэйн Грудем лучше других раскрыл эту тему в одной из глав своей прекрасной книги «Систематическая теология».

Если мы посмотрим на великих евангелистов, которые жили не в столь далекие времена, то увидим, как многие из них говорят о подобных переживаниях. Филипп Нери (жил в XVI веке в Риме) в возрасте 29 лет в ночь накануне празднования дня Пятидесятницы 1544 г. пережил сверхъестественное посещение Духа Божьего. Когда он погрузился в молитву, то увидел, как огненный шар вошел в его уста и затем переместился в сердце. Ощущение сильного жара – всепоглощающего огня Божьей любви – было настолько сильным, что Филипп буквально бросился на землю, чтобы охладиться, умоляя: «О, довольно Господь, довольно, больше я не могу вынести».

Исполненный сострадания, Филипп Нери начал проводить время на улицах Рима, ища возможности рассказать людям о Евангелии и помолиться за больных, многие из которых чудесным образом исцелились. Филипп принес радость Господа всему городу. Он был тем священником, который под руководством Духа Святого смог зажечь огонь пробуждения.

Джон Уэсли (1703-1791), основатель современного методизма, писал по случаю нового 1739 года:

«Примерно в три часа утра, когда мы пребывали в молитве, сила Божья могущественно сошла на нас. Многие кричали от радости. Другие упали на пол. Как только мы немного оправились от такого потрясения и изумления Божьим присутствием, тут же начали восхвалять Бога».

Результатом было то, что «Святой Дух начинал действовать среди нас с потрясающей силой, когда мы встречались во имя Его». Когда кто-либо падал ниц во время проповеди, за него молились, пока не «исполнялись миром и радостью Святого Духа», что часто «происходило моментально». Журнал Уэсли полон подобных отчетов. Один квакер, который возражал против подобного поведения, «упал ниц как громом пораженный» и, поднявшись, громко закричал: «Теперь я знаю, что ты – пророк Господень».

Уэсли заканчивает: «Подобные переживания продолжали нарастать во время проповеди. Представлялось благоразумным записывать и рассказывать о действии Святого Духа». Он проповедовал регулярно в Бристольской тюрьме Ньюгейта, где заключенный Абель Дадж был обращен Уайтфилдом в 1737 г.

«Однажды Уэсли проповедовал по стиху: «Верующий имеет вечную жизнь» и в конце помолился: «Если это Твоя истина, то не медли подтвердить ее последующими знамениями». Немедленно «сила Божья сошла на нас. Один за другим мы опускались на землю... попадав во все стороны, как пораженные громом». Одна женщина по имени Энн Дэвис рыдала. Он подошел и молился за нее, и она начала в радости восхвалять Бога».

В течение тридцати пяти лет Джордж Уайтфилд (1714-1770) был выдающимся странствующим проповедником. Он работал в Британии и Америке и изменил традиции проповеди, открыв путь для массовой евангелизации. Он писал в своем журнале: «Исполниться Духом Святым? О, если бы все, кто отрицает обетование Отца, могли получить это! О, если бы все были соучастниками моей радости!»

Чарлз Грандисон Финней (1792-1875) был одним из величайших евангелистов в истории, многие считают его предвестником современной евангелизации. Переживание Финнеем Святого Духа произошло в тот же день, что и его обращение:

> *«Святой Дух сошел на меня таким образом, что, казалось, прошел сквозь мое тело и душу. Я чувствовал, как будто волна электричества пронизывает меня снова и снова. Действительно, казалось, что любовь превратилась в жидкость и изливается волнами; никак по-другому я это выразить не могу. Она была похожа даже не на воду, а скорее на дыхание Бога. Я отлично помню это ощущение, как будто огромные крылья овевают меня, и каждый взмах этих крыльев буквально приводит мои волосы в движение, словно дуновение бриза. Никакие слова не могут выразить удивительную любовь, которая была излита в мое сердце. Эти волны проходили через меня снова и снова, одна за другой, пока я не вскричал: «Я умру, если эти волны будут продолжать проходить сквозь меня. Господь, я больше не выдержу». Хотя при этом я не испытывал страха смерти».*

Возможно, величайшим евангелистом девятнадцатого столетия был Д. Л. Муди (1837-1899). В начале своего служения он заведовал миссионерской воскресной школой в Чикаго и вполне успешно трудился на этом поприще. Но однажды две пожилые женщины из его церкви сообщили ему после службы, что они молились за него, потому что ему не достает силы Духа. Хотя это заявление вызвало в нем досаду, чем больше он размышлял об этом, тем больше сознавал, что они были правы. Позже он писал: «Так в мою душу пришла великая жажда. Я не знал, что это было. Я начал рыдать, как никогда прежде. Я действительно чувствовал, что не хочу жить, если не смогу иметь эту силу для служения... Я плакал все время и молился о том, чтобы Бог наполнил меня Своим Святым Духом». Спустя примерно шесть месяцев, когда Муди спускался по Уолл-стрит в Нью-Йорке, Святой Дух с мощной силой сошел на него. Позже Муди писал:

«О! Что за день, невозможно его описать! Я редко говорю о нем, потому что это почти священное переживание, из тех, о которых трудно говорить и трудно описать... Могу лишь сказать, что Бог явил мне Себя, и я пережил такое наполнение Его любовью, что вынужден был просить Его остановиться».

Джон Поллок, биограф Д. Л. Муди, добавляет, что тот никогда больше не испытывал духовную жажду. «Мертвые, сухие дни были в прошлом. Раньше я с трудом добывал и приносил воду. Но теперь сама река несла меня».

Преемником Муди в его Библейском институте был великий американский евангелист начала века Р. А. Торрей (1856-1928). Он написал книгу «Крещение Святым Духом».

Позднее в книге «Почему Бог использовал Д. Л. Муди» Уилл Х. Хоутон писал:

«Некоторые из наших читателей, возможно, захотят высказаться против использования д-ром Торреем термина «крещение Святым Духом». Возможно, если бы д-р Торрей жил в наше время и видел, как некоторые мечут громы и молнии, заслышав этот термин, он нашел бы какое-то другое выражение. Однако не стоит придираться к словам, когда речь идет о таком важном предмете, как исполнение Духом. В этой небольшой книге д-р Торрей цитирует слова Муди в споре по этому вопросу: «О, зачем столько шума? Разве они не видят, что это как раз то единственное, в чем они сами нуждаются? Они – хорошие учителя, они – замечательные учителя, и я так рад, что они с нами. Но как же они не видят, что крещение Святым Духом – это именно то единственное, что так нужно им самим?»

Думаю, не многие будут оспаривать тот факт, что величайшим евангелистом прошлого столетия был Билли Грэм (родился в 1918 г.). Джон Поллок в авторизованной биографической книге о Билли Грэме рассказывает, как тот, оказавшись в Гилденборо-Холле, услышал, что Стефан Олфорд говорил на тему «Не упивайтесь вином, но исполняйтесь Духом». Билли Грэм попросил Олфорда о личной встрече, и Олфорд рассказал ему, какую полноту Святой Дух приносит в жизнь верующего. «К концу второго дня они молились, как вспоминает Олфорд, «подобно Иакову в древние времена, который схватился за Бога, крича: «Господь, не отпущу Тебя, пока не благословишь меня», до тех пор, пока не пришли в состояние покоя и хвалы. После этого Грэм сказал: «Это поворотный пункт моей жизни. Теперь мое служение будет совсем другим».

В 1977 г. о. Раньеро Канталамесса, личный проповедник Папы, профессор теологии, молился, чтобы исполниться Духом Святым. В видении он увидел крест:

> *«Я был убежден в этот момент, что пробуждение исходит напрямую из самого центра Евангелия, которое есть Крест Иисуса Христа!.. Кто-то сказал: «Ты переживешь обновленную радость в провозглашении Моего Слова». Могу сказать, что это пророчество исполнилось. Я пережил новую радость в провозглашении Слова Божьего... Писание стало живым... Любовь к Писанию, которая исходит от Духа Святого, невероятна... Я ощутил, что у меня возникло новое желание молиться.... Когда Дух приходит, Он говорит «Авва, Авва»... Однажды я молился в своей келье. В первый раз это была молитва, чем-то напоминающая говорение на языках. В течение нескольких мгновений я ощущал глубокую внутреннюю связь – нечто, что нельзя выразить словами или увидеть, – но я почувствовал, что Иисус прошел передо мной».*

Одним из условий успеха *Альфа* курса является наличие команды исполненных Духом людей, использующих дары, которыми они обладают, для приведения других ко Христу. «Евангелизацию невозможно было бы совершать без действия Святого Духа» – заключает Папа Павел VI. Те, кто обращается ко Христу во время посещения курса, знают, что эта перемена произошла в их жизни благодаря тому, что они исполнились Святым Духом. Это личное знание Бога дает им желание и силу приглашать своих друзей на следующий *Альфа* курс.

В остальной части этой книги я буду рассматривать практическое применение этого видения, которое перемежается со свидетельствами людей, чья жизнь была изменена после *Альфа* курса.

История Найджела Скелси

2

Найджел Скелси

Найджел Скелси быстро продвигался по службе и занял пост художественного редактора национальной газеты. Но чувствовал, что в процессе этого потерял свою душу. Он начал посещать *Альфа* курс в церкви Святой Троицы и впоследствии написал письмо о том, как *Альфа* курс повлиял на его жизнь. С его согласия мы воспроизводим текст этого письма.

Дорогой Никки!

Я собирался начать это письмо словами: «Это всего лишь короткая записка, в которой я расскажу тебе о том, как повлиял на меня *Альфа* уик-энд», но боюсь, что коротко не получится. Пожалуйста, будь терпелив, потому что со мной произошло нечто такое, что мне необходимо выразить на бумаге.

В 1979 году мой отец умер от рака желудка. Даже не знаю, как это объяснить, но в тот момент я закинул «в долгий ящик» даже мысли о христианстве, и это продолжалось пятнадцать лет. Дело было вовсе не в том, что, как можно предположить, после всего пережитого я поставил под сомнение Божью любовь. Об этом я даже не задумывался. Как я понял впоследствии, проблемы коренились гораздо глубже моральной дилеммы.

Большую часть своей жизни я приносил огромные огорчения и Богу, и своим родителям. По окончании школы поступил в Теологический колледж, где провел три года. Учился на церковного служителя и искренне желал быть евангелистом. Но в академических дисциплинах потерпел неудачу, и моя учеба закончилась тем, что я стал двойной обузой: не только родители считали меня неудачником, но, как я чувствовал, и сам Бог.

Я решил связать свою карьеру с фотографией, которая была любимым занятием моего отца. Надеясь получить одобрение своих родителей, я поступил на работу в недавно созданный иллюстрированный журнал одной издательской компании в качестве мальчика на побегушках. Я проработал там шесть месяцев; за это время мой отец заболел и вскоре умер. Через две недели после его смерти все штатные сотрудники этого хилого журнала были уволены или ушли по собственному желанию. Остался только мальчик на побегушках, которого, за неимением лучшей кандидатуры, вскоре назначили редактором. Для меня это был своего рода успех, которым мой отец мог бы очень гордиться. Но его уже не было в живых, и он не мог этого видеть, с чем мне было очень тяжело смириться.

В течение следующих пятнадцати лет была беспринципная и всепоглощающая погоня за успехом ради успеха. Каждый раз чего-то достигая, я тут же это разрушал и вновь начинал все сначала. Я был похож на ребенка, играющего в кубики, который строил башню и кричал: «Посмотри, отец!» перед тем, как разрушить ее и начать строить другую, чтобы снова произвести на отца впечатление.

Моя карьера была похожа на каток. Хилый журнал скорее по счастливой случайности, нежели по законам здравого смысла, в течение следующих двух лет стал самым продаваемым иллюстрируемым ежемесячным журналом в стране. На вершине своего успеха я перешел в другой журнал, который переживал трудные времена. И за два года его тираж поднялся до уровня первого журнала. Успех вновь не заставил себя ждать. Спустя еще два года я решил открыть собственный иллюстрированный журнал, который за очень короткое время стал известен во всем мире и начал повсеместно получать издательские награды.

Но я по-прежнему не был удовлетворен, и спустя еще пару лет, в 1987 году, решил, что хочу быть художественным редактором национальной газеты. Никакого опыта в этой области у меня не было. Но поскольку у меня совсем поехала крыша, я не посчитал это препятствием, и через три года, в почтенном 37-летнем возрасте, стал художественным редактором газеты «Sunday Telegraph».

Как раз перед Рождеством 1993 года мне исполнилось 40 лет, и как многие в таком возрасте, я задумался над тем, чего смог достичь за прожитый период и чего хочу добиться в будущем. Забыв о духовной стороне жизни, которой как бы не существовало, я в целом был очень доволен. У меня было все, чего хотелось: осуществленные мечты, хорошо оплачиваемая работа, прекрасная жена, двое замечательных сыновей и, о чем мне теперь неудобно говорить, даже «Porsche 911». Но какой ценой?

Я узнал, что в газете «The Telegraph» у меня было прозвище «зверь». Хотя оно произносилось с некоторым оттенком нежности, все же говорило обо мне нечто, что мне не нравилось. Также случайно я услышал, как кто-то сказал, что я не могу быть по-настоящему счастливым, если с кем-либо не враждую. И это было правдой. Действительно, если на моем пути не возникал конфликт, я сам создавал его. Моя жизнь была похожа на огромное поле сражения.

Иисус сказал: «Люби своего ближнего, как самого себя», но моей бедой было то, что в глубине души я себя ненавидел и своих близких ненавидел так же, как себя. Моим девизом было: «Не нужно мстить, нужно лишь взять то, что тебе должны!». Я был похож на стареющего спортсмена, который все еще борется за приз. Каждый день последних пятнадцати лет был битвой, которая отличалась от боксерского боя только тем, что не было слышно звонка в конце каждого раунда. Хуже всего было то, что однажды утром я посмотрел на себя в зеркало ванной комнаты и увидел там отражение того, кого уже не знал. В течение следующих нескольких дней слова Иисуса вновь и вновь вспоминались мне: «Какая польза будет человеку, если он завоюет весь мир, но потеряет душу свою?». Я понял, что со мной именно это и произошло. В моем маленьком мирке было все, о чем я мечтал, но в процессе приобретения всего этого я лишился своей души.

В канун Нового года ко мне на обед приехал друг, с которым мы не виделись много лет. Меня потрясли перемены, которые я в нем увидел. Он был не тем человеком, которого я знал когда-то. Раньше, даже будучи христианином, он был ужасным пессимистом, и я его за это презирал. Но теперь передо мной сидел человек, полный энергии, оптимизма и искреннего счастья. Он начал рассказывать мне о большой работе, которую проделал в его жизни Святой Дух. Затем он вспомнил, каким неудачником был раньше и как сильно разочаровывал отца. Там, за обеденным столом из моих глаз совершенно неожиданно потоком хлынули безутешные слезы – это было нечто, чего нельзя было ждать от «зверя».

Своим рассказом друг высветил то, что было глубоко скрыто в моем подсознании, но преобладало в моей жизни все эти годы, хотя я этого не осознавал. Не смущаясь, он встал и начал молиться за меня, и я почувствовал, как что-то растекающееся и трепетное стало промывать все раны, гноившиеся внутри меня долгие годы.

Я пережил нечто такое, что глубоко меня потрясло. На следующее утро я проснулся человеком, одержимым новым стремлением. Я чувствовал, что Бог любит меня, и что в Его глазах я не списан со счетов. Я все еще был прикован тяжелыми цепями ко дну глубокой мрачной тюрьмы, но кто-то проделал отверстие в стене, через которое пробивался свет, давая мне ощущение реальной свободы, как если бы я смог схватить ее и зажать в руке.

Летом я поехал отдыхать в Швейцарию. Пролистывая какой-то журнал, я наткнулся на статью об *Альфа* курсе в церкви Святой Троицы. Меня поразило то, что первостепенная роль на нем отводилась работе Святого Духа. В глубине души я знал, что должен любой ценой получить эту силу в своей жизни. Узнав, где находится церковь, я записался на курс и сосредоточил свое внимание на уик-энде. Я чувствовал себя, как умирающий в ожидании спасительной операции. Не обращая внимания на все подготовительные процедуры, длившиеся несколько недель, я всей душой стремился попасть на операцию.

Уик-энд, которого я ждал, как ребенок ждет Рождества, наконец, наступил... и мне не захотелось на него ехать! Я даже не предполагал, какую духовную битву мне предстояло выдержать. В пятницу ночью, лежа в постели в конференц-центре, я подвергся такой стремительной атаке, какой никогда не испытывал раньше, и надеюсь, никогда больше не испытаю. В моей голове пронзительно кричали голоса о том, что я должен уйти отсюда, идти домой, не делать из себя посмешище, что Бог не сделает для меня ничего, что я безнадежен, я неудачник, и так далее, и тому подобное. Я пытался молиться, но не мог. Казалось, несколько часов подряд я провёл распластанным, подвергаясь самым жестоким за всю свою жизнь терзаниям.

Проснувшись утром совершенно разбитым, я посмотрел распорядок уик-энда, увидел, что третья тема (которую я расценивал как главную) была назначена на 16.30, и решил держаться ее, как бегун на марафонской дистанции, который не видит перед собой ничего, кроме финишной ленты.

Никогда не забуду ту финальную сцену. Я чувствовал себя разорванным на две части. Казалось, я больше не выдержу. Приз был так близко, но мы приближались к нему так медленно! Мне хотелось крикнуть: «Не медлите! Сделайте это сейчас, иначе я не выдержу!» Не преувеличу, если скажу, что я был в агонии. Но Бог пришел, и – о! – принес облегчение.

Вы знаете, первый раз в своей жизни я чувствовал себя нормально. Каждый раз кажется болезненно странным то, насколько нормально я себя теперь чувствую! И еще я чувствую, что любим. Меня принимают таким, какой я есть, и я чувствую себя свободным. Ужасно избитая фраза, не правда ли? Но я и вправду чувствую такую свободу!

Вчера прочитал несколько слов Павла в Послании к Филиппийцам, которые отлично иллюстрируют то, что я думаю о своих достижениях за последние пятнадцать лет: «Но что для меня было преимуществом, то ради Христа я почел тщетою. Да и все почитаю тщетою ради превосходства познания Христа Иисуса, Господа моего: для Него я от всего отказался, и все почитаю за сор, чтобы приобрести Христа и найтись в Нем не со своею праведностью, которая от закона, но с тою, которая чрез веру во Христа, с праведностью от Бога по вере... Братия, я не почитаю себя достигшим; а только, забывая заднее и простираясь вперед, стремлюсь к цели, к почести вышнего звания Божия во Христе Иисусе...» (Филиппийцам 3:7-9, 13-14).

Не знаю, что ждет меня в будущем, куда и как поведет Господь. Сейчас я просто радуюсь и наслаждаюсь «медовым месяцем». Большое спасибо, что вы помогли завершить то, что было начато в Новый год.

3

Структура *Альфы*

«Расшифровка» слова *Альфа*

А*бсолютно для всех*

Каждый, желающий узнать больше о христианской вере, может принять участие. Это относится по меньшей мере к пяти категориям людей.

1. *Те, кто не являются христианами. Альфа* курс несет Евангелие, он создан, в первую очередь, для людей, не считающих себя христианами. В Соединенном Королевстве к этой категории относятся около 50% населения.

2. *Те, кто не считают себя членами церкви.* В Соединенном Королевстве, к примеру, 92,5% населения не ходят в церковь регулярно. Таких людей мы стремимся привлечь. Это бескрайняя нива для жатвы.

Видеть, как люди, не посещающие церковь, приходят к вере во Христа, наполняются Святым Духом, влюбляются в Иисуса и идут, чтобы рассказать об этом своим друзьям – вот радость, которую приносит *Альфа* курс. Это радость – видеть, как жизнь меняется силой Божьей!

Атмосфера на *Альфа* курсе совершенно преображается, если его посещают люди, принадлежащие к первым двум категориям. Я сам не был свидетелем этого, но слышал, что если на курсе присутствуют только христиане, то обстановка там может стать несколько негативной. Иногда такой курс постепенно превращается в теологическую дискуссию с бесконечными придирками и теряет свою эффективность. Все, что нужно – это один «нецерковный» человек (например, Фред). Он не христианин, и поэтому все христиане держат себя в руках! Вместо того, чтобы выискивать теологические ошибки в изложенной теме, все единодушно молятся: «Господи, я надеюсь, что Фред это понимает!» Потом Фред принимает Христа и, в результате, возвращается к своей жене. Семья восстанавливается. Это такая большая радость, что Фред приводит своих друзей на следующий курс, и т.д.

3. *Молодые христиане. Альфа* курс также очень полезен для новообращенных христиан. Он хорошо сочетается с другими формами евангелизации, массовыми или персональными. Если человек совсем недавно обратился к вере во Христа благодаря одной из таких евангелизаций, *Альфа* курс прекрасно поможет ему заложить правильное основание для своей христианской веры.

4. *Те, кто желают утвердиться в вере.* Есть люди, которые, возможно, ходили в церковь всю жизнь, но считают себя не утвержденными в основах христианской веры, или которые никогда сами не переживали Божьей любви. Я слышал, как Боб Бафорд, американский бизнесмен, высказал одну интересную мысль. Он сказал: «Для многих людей приход в церковь похож на появление в кинозале в середине сеанса. И никто не рассказывает им о том, что произошло в первой половине фильма». *Альфа* курс помогает людям узнать «содержание первой части», чтобы они смогли понять продолжение.

5. *Люди, которые раньше не ходили в церковь.* Многих

устрашает мысль о необходимости пойти в новую церковь. Если церковь большая, их пугает множество людей, они боятся, что ни с кем не смогут познакомиться ближе. В маленькой церкви новый человек может почувствовать себя неловко, как посторонний, явившийся на семейный праздник. Но если такие люди приходят на *Альфа* курс, то оказываются в среде, где по определению большинство составляют люди, новые для церкви, то есть новообращенные христиане и те, кто не считает себя христианами или членами церкви. Там можно познакомиться с группой людей, которые, как и они, мало знакомы с церковью; завязав дружбу, гораздо легче начать ходить в церковь. Благодаря *Альфа* курсу также можно узнать о системе ценностей церкви.

Легкость и веселье в общении и обучении

Мы уверены, что, изучая вопросы христианской веры, можно наслаждаться самим процессом обучения. Во время ужина и при проведении дискуссионных групп всегда много смеха. Мы стараемся и во время изложения темы использовать как можно больше юмора. Для нас, англичан, это, как правило, самоуничижительный юмор! В начале каждого вечера во время объявлений мы рассказываем анекдот или шутку.

Альфа курс проводится уже более двадцати пяти лет. И все эти годы мы собирали шутки. К настоящему времени у нас их уже шесть! И мы рассказываем эти шесть

анекдотов снова и снова. Мы всегда очень благодарны лидерам и помощникам (которые уже много раз их слышали) и, разумеется, гостям, смеющимся так сильно, что это превосходит все ожидания рассказчика относительно содержания шутки и собственных артистических способностей.

Юмор помогает сломать преграды в общении и содействует непринужденной атмосфере. Мы стараемся избегать чрезмерной серьезности, поскольку она неизбежно отталкивает людей, не принадлежащих к церкви. Г. К. Честертон в своей книге «Ортодоксия» писал:

> *Человеку свойственно находить успокоение в некой себялюбивой серьезности. Но он должен подняться до беспечного самозабвения (говоря старомодным языком). Серьезность – это не добродетель. В действительности, это естественная склонность человека воспринимать себя слишком серьезно, так как это проще всего. Гораздо легче написать хорошую статью на передовицу «Таймс», чем сочинить хорошую шутку для «Панч». Важность естественным образом присуща людям, но смех – это своего рода «рывок». Легко быть серьезным, трудно быть несерьезным.*

Ь *Помощь друг другу*

Удивительно наблюдать за группой не принадлежащих церкви людей и видеть, как они меняются неделя за неделей в течение курса. Причиной тому много факторов. Хотелось бы думать, что ключевыми факторами являются наши темы и таланты лидеров и помощников, но зачастую переменам способствуют сами гости, которые помогают друг другу.

Я вспоминаю одну из своих групп – типичную группу *Альфы* – ни один из ее гостей не ходил в церковь. Все были негативно настроены первые несколько недель. Одного из участников звали Мэттью. Его с собой приводила его жена. По правде сказать, она была еврейкой и не верила в Христа. Но ей было очень интересно участвовать в *Альфа* курсе, а сам Мэттью последний раз заходил в часовню еще в школе и с тех пор в церкви не бывал. Итак, она заставила его приходить вместе с нею. Он был самым недоброжелательно настроенным человеком на курсе. И это продолжалось примерно до пятой недели.

В тот вечер настроение у всех было не лучшим, и Мэттью сидел, не произнося ни слова. Я повернулся к нему и спросил: «Мэттью, а что вы думаете?» Он ответил: «Что ж, со мной это случилось». Я спросил: «Что с вами случилось?» Он сказал: «Меня затрясло в постели посреди ночи, и это продолжалось часа три». Остальные участники группы сочли эти слова самой смешной шуткой из всего ими слышанного – Мэттью трясся в постели три часа посреди ночи! – они даже попадали со стульев от смеха.

Когда они наконец смогли взять себя в руки и подняться с пола, то спросили: «Что ты имел в виду, сказав, что тебя три часа трясло в постели ночью?» Он ответил: «Вот как это было. Прошлой ночью я не мог уснуть, поэтому решил попробовать помолиться той молитвой, которой вы молитесь. Я раскаялся в своих грехах, поблагодарил Иисуса за то, что Он умер за меня, и попросил Его прийти и наполнить меня Святым Духом. А потом меня трясло три часа подряд!»

Слушающие его замерли на своих местах. Они были ошеломлены! В течение последующих десяти дней все участники этой группы обратились ко Христу. Я помню, как они, обнявшись, молились друг за друга на уик-энде. Мэттью помогал остальным.

Фантастика! Совместный ужин!

Ужин – это не теологический термин, хотя в некотором смысле, возможно, так оно и есть. Мне как-то сказали: «В *Альфа* ужине есть что-то почти сакраментальное». Как писал Роберт Дженсон: «Все приемы пищи – это, по сути, религиозные события, жертвоприношения. Именно так они воспринимались в Израиле... Совместный прием пищи всегда считался актом поклонения, а общение – тем, что происходит непосредственно перед Господом». Ужин на *Альфа* курсе имеет огромное значение, так как именно благодаря ему у людей есть возможность приобрести друзей.

Активность каждого человека

Слово *Альфа* начинается с А и заканчивается на А (активность каждого человека). Никакой вопрос не считается глупым. Мы заметили, что пожилые люди иногда смущаются от того, что их вопросы могут показаться слишком примитивными. Никакой вопрос не считается недоброжелательным. Некоторые из участников *Альфа* курса, приходя, бывают очень озлоблены. Это не страшно. Мы хотим, чтобы злые, смущенные или враждебно настроенные люди приходили на курс – именно для них он и создан.

Типичный вечер

Большинство *Альфа* курсов проходят по вечерам, но есть также и очень эффективные утренние курсы и проводимые в обеденные перерывы (см. Приложение Б). Встречи проходят в различных помещениях: в церквях, по домам, в школах, в офисах, в тюрьмах, в ночных клубах и в ресторанах. Гости могут быть представителями самых разных социальных групп: от матерей с малолетними детьми до студентов университетов, от представителей высших слоев общества до разнорабочих со стройки, от заключенных до офицеров полиции.

Альфа курс может проводиться в различное время суток, но наиболее типичным является вечерний курс.

Обычный порядок проведения вечера

18.30 Сбор лидеров и помощников для молитвы

19.00 Ужин

19.40 Приветствие

19.50 Песни поклонения

20.00 Тема

20.50 Кофе

21.00 Малые группы

21.45 Заключение

В 18.30 мы встречаемся для молитвы и подготовки. Встреча лидеров и помощников для молитвы и решения организационных вопросов в начале вечера очень важна. Мы заметили, что молитва – это ключ ко всему, что происходит на *Альфа* курсе. Мы ободряем людей молиться самостоятельно; также мы встречаемся для совместной молитвы во вторник утром и, что особенно важно, – непосредственно перед приходом гостей. Нам очень помог Джереми Дженнингс, предложивший в книге «Церковь на коленях молитвы» новые модели совместной молитвы. Книга вдохновила молодежь собираться вместе и молиться.

На таком собрании полезно поговорить обо всем вечере в целом, особое внимание уделив главной теме и вопросам для обсуждения в малых группах. Также это время для решения административных вопросов, в том числе при подготовке к уик-энду с Духом Святым и к праздничному ужину.

В 19.00 накрывается стол. Раньше, когда количество участников *Альфа* курса было небольшим (около 12 человек), ужин готовили сами участники, по очереди, начиная с лидеров и помощников. Со временем курс стал расти, и на нем собиралось уже более десяти малых групп. Теперь ужин готовила по очереди каждая малая группа. Эта система была полностью реорганизована, когда *Альфа* курс стал насчитывать более 200 участников. Мы наняли повара и стали просить гостей о небольших пожертвованиях, чтобы покрыть все расходы. Но если кто-то не в состоянии платить, мы все равно приглашаем их на ужин.

Совместный прием пищи является неотъемлемой частью курса, поскольку дает людям возможность познакомиться друг с другом в непринужденной обстановке. В течение курса развиваются потрясающие дружеские отношения, особенно внутри каждой малой группы. Мы пришли к выводу, что время ужина лучше использовать для беседы на интересующие гостей темы: об их работе, досуге, хобби и спортивных увлечениях – о чем угодно, не связанном с религией!

В 19.40 мы приветствуем всех собравшихся, делаем объявления и знакомим с книгами, рекомендованными к прочтению, и кассетами, на которых записаны темы предыдущих *Альфа* вечеров. Ближе к окончанию курса мы также пользуемся случаем, чтобы рассказать о предстоящем уик-энде и праздничном ужине. Затем рассказываем какой-нибудь понятный всем анекдот или курьезную историю.

В 19.50 наступает время пения (непродолжительного). Перед этим мы очень подробно объясняем, что собираемся делать. Я часто цитирую слова апостола Павла из его Послания к Ефесянам: «Назидайте друг друга псалмами, гимнами, духовными песнями. Воспевайте в сердцах ваших Господу» (см. Ефесянам 5:19). Я объясняю, что сейчас мы будем петь псалмы (обычно переложенные на современные мелодии), гимны и духовные песни. Мы поем и старые, и новые псалмы, но первый вечер начинаем с какого-нибудь хорошо известного духовного гимна – в надежде, что кому-то из присутствующих он покажется знакомым. Чем дальше, тем больше мы используем современные песни, постепенно переходя от песен о Боге к песням, обращенным непосредственно к Нему, увеличивая и время, проводимое в поклонении, от пяти минут в первый вечер до 15-20 минут к концу курса. Мы стараемся не торопиться в начале, и я объясняю, что самое главное – это «воспевать в сердце». Некоторые могут быть не готовы к такому повороту событий и совершенно нормально, если сначала они будут просто слушать. Возможно, позже они смогут присоединиться.

Лидер поклонения должен выглядеть уверенно, даже если внутри он себя так не ощущает. Мы пришли к выводу, что лучше, если лидер поклонения не делает никаких комментариев между песнями. Он просто ведет поклонение, не пытаясь преподать нечто, что может быть расценено как еще одна тема. Если у вас нет хорошего лидера и возможности качественного воспроизведения музыки, то лучше вообще не включать пение в программу. Некоторые *Альфа* курсы проводятся без пения, так как оно не является неотъемлемой частью курса. Так, обычно не включают пение в программу курсы с небольшим количеством участников, которые слушают выступления на аудиокассете или смотрят видеокассеты. Тем не менее, люди, которые проводят курсы с небольшим числом участников, заметили, что очень полезно использовать компакт-диски и кассеты с записью прославления в случае отсутствия лидера поклонения (см. Приложение Ж).

Мы убедились в том, что хотя для многих пение является наиболее сложной частью курса, и некоторые присутствующие поначалу относятся к нему с определенной долей враждебности, к завершению курса оно оказывается для них самой ценной частью собрания. Для многих такое пение – это первый опыт общения с Богом. Оно также помогает людям сделать шаг от *Альфа* курса к церкви, в которой центром всего является поклонение Господу.

После пения мы читаем тему. Ее может прочитать лидер или его помощник, у которого есть соответствующие способности и время для подготовки. Мы предлагаем полный курс на видеокассетах, и некоторые лидеры предпочитают использовать его. Они считают, что это помогает им несколько отдалиться от материала, а гостям предоставляет возможность обсуждать тему более открыто и честно! Другие видят, что у них слишком много других забот, и время, сэкономленное на подготовке темы, позволяет им более эффективно решать организационные вопросы и оказывать пасторскую опеку. Возможно, в будущем они смогут сами читать темы.

В более длительной перспективе мы рекомендуем рассказывать темы самостоятельно, но видеоматериалы – это лучший вариант, если нет спикера. Гостям в восприятии темы могут помочь *Альфа* конспекты, которые они должны получить бесплатно. Очень важно, чтобы люди слышали Евангелие бесплатно. Если участников много, нужно, чтобы выступающие имели опыт общения с большой аудиторией. Это требование неизбежно ограничивает выбор людей, которым можно доверить прочтение темы.

(В нескольких следующих параграфах, ссылаясь на главы из книги «Вопросы жизни», в которой изложены основные темы *Альфа* курса, я буду использовать аббревиатуру ВЖ с указанием номера главы.)

Тема выступления на первой неделе – «Кто такой Иисус?» (ВЖ 2). Со второй по шестую неделю курса мы изучаем материал, изложенный в главах 3-7. После этого проводим уик-энд. Тема седьмой недели, после уик-энда: «Как я могу противостоять злу?» (ВЖ 11). Прошу заметить, что в какое бы время ни проводился уик-энд, тема «Как я могу противостоять злу?» всегда должна следовать после него. Мы делаем это потому, что, как я понял, тема духовной войны становится понятной людям только после того, как они пережили силу Духа Святого.

На восьмой неделе мы затрагиваем вопрос «Почему и как мы рассказываем другим?» (ВЖ 12). На этом этапе я начинаю говорить о праздничном ужине, который намечен как заключительное мероприятие курса. На следующей неделе мы рассматриваем тему исцеления (ВЖ 13). В этот вечер мы не проводим собраний в малых группах и остаемся для служения вместе (см. главу 13 этой книги).

В последний вечер курса рассматривается тема «Церковь» (ВЖ 14). Основная цель выступления на эту тему – вовлечь участников *Альфа* курса в жизнь церкви. Мы объясняем, как действует система домашних групп в церкви, и приглашаем их присоединиться к одной из таких групп. Часто случается, что малая группа с *Альфа* курса целиком присоединяется к одной из домашних групп.

Обычно после выступления мы разбиваемся на малые группы (см. главу 9 этой книги), общение в которых стараемся закончить к 21.45. Если обсуждение идет хорошо, кажется заманчивой возможность задержаться, но, как правило, это плохая идея. Если вечер заканчивается в разгар оживленной дискуссии, у людей будет огромное желание вернуться через неделю. И наоборот, если обсуждение затянулось, появляется повод в следующий раз после долгого трудового дня не прийти.

Альфа уик-энд

Уик-энд – важнейшая часть курса. Это время, которое посвящено учению о работе Святого Духа в жизни людей. Используемый материал находится в главах 8, 9, 10 и 15 книги «Вопросы жизни». Весь этот материал можно изложить за один день. Иногда для тех, кто не может поехать на уик-энд, мы организуем субботнюю встречу. Но в совместном отдыхе за городом много преимуществ.

Мы заметили, что за время уик-энда люди сближаются друг с другом больше, чем за один выходной день. Когда они вместе путешествуют, принимают пищу, прогуливаются и в воскресенье утром вместе принимают Святое причастие, дружеские отношения, которые начали завязываться за время предыдущих недель, укрепляются еще больше. Именно в такой располагающей к отдыху обстановке люди начинают раскрываться, и некоторые барьеры начинают рушиться. Я знаю много примеров того, как за время уик-энда духовный рост людей был сопоставим с их духовным ростом за все остальное время курса.

Найти подходящее место для выезда на уик-энд трудно, но все же эта задача выполнима, особенно если спланировать все заранее. Иногда стоит объединиться для этого с другими церквями. Если участники не могут позволить себе провести уик-энд за городом, стоит организовать его где-нибудь поблизости. Однако, как правило, находятся более состоятельные люди, которые соглашаются заплатить за тех, кто либо вообще не в состоянии оплатить поездку, либо может оплатить только ее часть. Мы всегда ободряем людей присутствовать на уик-энде, независимо от их материальных возможностей, так как уик-энд является важнейшей частью курса. А финансовые вопросы, как мы убедились, всегда можно решить. В воскресное утро уик-энда мы делаем сбор пожертвований, при этом заверив людей, что они свободны ничего не пожертвовать, или же дать столько (много или мало), сколько они посчитают нужным или возможным для себя. Затем мы молимся, чтобы Бог, будучи верен Своему обещанию, «восполнил всякую нужду их, по богатству Своему в славе, Христом Иисусом» (Филиппийцам 4:19). Мы не перестаем удивляться Божьей верности.

На уик-энде мы придерживаемся следующего расписания:

Пятница

18.30	Прибытие
20.00-22.00	Ужин
21.45	Прославление и краткое предисловие к уик-энду, которое может включать в себя сжатое изложение 15-й главы Евангелия от Иоанна или свидетельство

Суббота

8.30	Завтрак
9.00	Встреча лидеров. Прославление
9.30	Тема 1 – «Кто такой Дух Святой?»
10.45	Кофе, чай
11.15	Тема 2 – «Что делает Дух Святой?»
12.00	Обсуждение в малой группе. Здесь мы часто рассматриваем 1 Коринфянам 12:7-11 и вопрос о духовных дарах. Очень важно поговорить о даре иных языков во время обсуждения. Людей это может побудить открыто говорить о своих страхах и смущении по этому поводу. Иногда один из участников группы может рассказать о своем позитивном опыте, например, как дар помог ему молиться, или поделиться искренним желанием действовать в этом даре. Что бы ни говорили люди, это хорошая возможность раскрыть данную тему.

	Она поможет присутствующим чувствовать себя более комфортно при обсуждении вечерней темы о дарах.
13.00	Обед
Свободное время	Можно организовать спортивные игры, прогулку и пр.
16.00	Чай для желающих
17.00	Прославление Тема 3 – «Как я могу быть исполнен Духом Святым?»
19.00	Ужин
20.30	Концерт-капустник: сценки, песни и пр. Ничего религиозного, обидного, отталкивающего. Мы поняли, что капустник помогает людям по-настоящему насладиться уик-эндом, но только если они знают, что участие в нем – абсолютно добровольное! Раскрывать скрытые дарования – дело необычное, и многие участники капустника внезапно становятся более уверенными в себе и чувствуют большую сопричастность. Благодаря этому, курс набирает силу и становится более сплоченным.
Воскресенье	
9.00	Завтрак
9.20	Встреча лидеров
9.45	Обсуждение в малых группах всего того, что было увидено и услышано. Атмосфера в группе к этому времени обычно меняется: объективные вопросы часто побуждают людей поделиться субъективными переживаниями, и многие участники открываются по-новому.
10.30	Прославление Тема 4 – «Как мне жить дальше?» Святое причастие
13.00	Обед
Свободное время	Всех приглашают встретиться вновь на вечернем служении в церкви.

Иногда люди говорят: «Мы обожаем *Альфу*! Мы считаем, что *Альфа* курс – это здорово! Нам нравится идея ужина, дискуссионные группы, подборка тем и так далее. Нам все нравится в *Альфа* курсе – все, кроме части про Духа Святого. Можем ли мы проводить курс без упоминания о Духе Святом?» Да, я понимаю, что они имеют в виду, но они – не вполне понимают. Они хотят проводить *Альфа* курс без уик-энда и без раздела, посвященного личности и работе Святого Духа.

Ответ: это будет уже не *Альфа* курс. Я часто думаю, что тогда это будет похоже на машину, которая внешне выглядит вполне обычно, но в ней нет двигателя. Одна организация провела исследование всех церквей, в которых проводился *Альфа* курс, и было обнаружено, что в части церквей *Альфа* курс не работал. Также было несколько церквей, исключивших из *Альфа* курса уик-энд или один выходной день, посвященный Святому Духу. Оказалось, что это были одни и те же церкви.

Некоторые говорят: «Ну, этого бы мы не сделали. Но нам хочется исключить часть, касающуюся говорения на языках. Можно ли обойтись без нее?»

Когда мы впервые проводили конференцию в США, ко мне подошел один специалист по церковному развитию и сказал: «Посмотрите, если вы вырежете раздел о говорении на иных языках, я смогу проводить *Альфа* курс во всех этих деноминациях и течениях... Но вы должны вырезать этот раздел». Я размышлял, прав ли тот человек. Может быть, действительно раздел о говорении на иных языках не должен быть частью курса. Мы тщательно все обдумали. В том, через что нам пришлось пройти в процессе формирования курса, мы увидели промысел Божий, также мы наблюдали эффект от этой темы, включенной в программу курса. Мы пришли к выводу, что будет неправильным исключить ее.

Примерно через год после этого мы проводили конференцию в Нэшвилле, штат Теннесси. В самом начале конференции ко мне подошел пастор пятидесятнической церкви Колумбуса, штат Огайо, чтобы поговорить. Он был очень взволнован. Он сказал: «Мы только что провели наш первый *Альфа* курс. Мы не разрешали никому приходить, не приведя с собой друга не из церкви, и у нас набралось 75 человек!» Он рассказал нам потрясающие истории о том, что происходило на этом курсе.

Я спросил: «Что вам, как пятидесятнику, показалось сложным при проведении *Альфы*?» Он ответил: «Самым сложным нам показалось личное служение людям». Он имел в виду молитву за людей. Я сказал: «А разве в пятидесятнической церкви нет молитвенного служения?» Он ответил: «О, да. У нас, пятидесятников, есть молитвенное служение. Но стиль сильно отличается. В нашей церкви во время молитвы за людей нам нравится, чтобы было очень шумно! Музыкальная группа играет, много шума, много крика!» Он продолжил: «Когда вы приглашаете Святого Духа прийти, вы делаете это тихо. Мы никогда не думали, что Святой Дух придет, если мы его просто тихо попросим! Но мы решили попробовать, и Он пришел!»

Я сказал: «Ну, а что-нибудь еще показалось вам сложным?» Он ответил: «Да, языки». Я сказал: «Простите меня. Я думал, вы сказали, что вы пятидесятник!» Он ответил: «У вас недостаточно говорится о даре языков. Всего одна треть темы – одна сорок пятая *Альфа* курса. Если вы взгляните на *Альфу* с нашей точки зрения – как на часть двухгодичной программы христианского образования, то увидите, что вопросу о языках отводится только одна двухсот сорок пятая доля в этой программе! Это единственное упоминание о даре языков».

На *Альфа* курсе мы объясняем, что человек может

быть христианином, наполненным Святым Духом, но не говорить на языках. Мы не считаем, что «те, кто говорят на языках – первосортные христиане, а те, кто не говорят – второсортные». Мы думаем, что этот дар – не самый важный, и апостол Павел часто помещал его в конце списка даров. Иногда люди спрашивают, зачем тогда мы вообще о нем упоминаем. Наш ответ: потому что мы верим, что как в Новом Завете, так и в практике часто именно этот дар оказывается первым из сверхъестественных дарований, проявляющихся в жизни людей. Дар языков – дар начинающих. *Альфа* – курс для начинающих.

Позже тот пятидесятнический пастор сказал: «Вы не настаиваете на необходимости этого дара, и у вас не достаточно материала о нем», – но потом добавил: «Мы согласились «смириться в любви» и делать все так, как вы предписываете». Услышав это, я подумал: «Разве это не удивительно?»

Могут быть и другие течения всемирной церкви, занимающие в этом вопросе противоположную позицию, которые, тем не менее, говорят: «Мы бы вообще не стали об этом упоминать, но «смиримся в любви» и будем проводить курс так, как вы говорите». В результате, по всему миру есть католики, протестанты и пятидесятники, проводящие один и тот же *Альфа* курс. Мы считаем, что это стало возможным только благодаря провидению Божьему.

История Мартина Беннета

4

Мартин Беннет

В возрасте двенадцати лет Мартин Беннет стал жертвой человека, который напоил его, надругался и заставил все происшедшее хранить в секрете. Так продолжалось почти десять лет. Мартин рассказывает о том, какие это имело последствия, и как Бог избавил его от «груза вины», за один день изменив всю жизнь.

Я воспитывался в католической традиции, но, признаться, всегда думал, что встретиться с Богом мне предстоит только в день смерти, хотя до конца не был уверен и в этом. Со временем мое отношение к вере только ухудшилось: я стал противником всего, что было связано с Богом, Иисусом и религией.

Когда мне исполнилось двенадцать лет, я был изнасилован собственным школьным учителем. Он преподавал основы католической веры, был не женат и занимал видное положение в поместной церкви. Он не просто однажды надругался надо мной – это продолжалось несколько лет.

Обычно он ждал, пока я сильно опьянею от его выпивки. В первый раз я попробовал спиртное у него дома: это было виски. Когда я изрядно «набирался», он делал со мной, что хотел, а я толком и не помнил, что происходило. Думаю, что некоторые участки моей памяти были просто «заблокированы». Этот человек был алкоголиком. Я почти не помню, чтобы в его обществе находился в трезвом состоянии: я либо пил, либо уже был пьян. Он предусматривал все, чтобы я не мог сбежать от него. А кроме того, внушал мне, что то, что я делаю, очень плохо, и поэтому я ни в коем случае не должен никому об этом рассказывать. Если проболтаюсь – все станет еще хуже. Он рассказывал не самые приятные подробности из жизни учителей и других членов нашего прихода. Я попал в ситуацию сильной эмоциональной зависимости от него, которая меня тяготила. Единственный выход для себя я видел в том, чтобы полностью «отключать» все свои эмоции.

Когда мне было тринадцать, я перешел в другую школу и вышел из-под его учительского контроля, но от этого стало только хуже. Он забирал вещи, без которых я не мог обойтись – проездной на метро, деньги, паспорт, – и мне приходилось опять встречаться с ним. А как только я попадал к нему, все начиналось сначала. С ранних лет мне пришлось привыкать к двойной жизни – я только и делал, что «заметал следы». Моего обидчика все знали как хорошего человека и прекрасного прихожанина, а родители даже не догадывались о том, что со мной происходило. Они знали, что я провожу время в его обществе, но не видели в этом ничего плохого, полагая, что у нас нормальные отношения. Думаю, мои братья подозревали что-то неладное, но слишком боялись касаться этой темы. А я и под пытками не сказал бы правды.

Даже после того, как мне исполнилось двадцать, я не мог окончательно освободиться от этого человека: мы все еще виделись с ним, хоть и не так часто. Я знал, что должен попытаться избавиться от него. Два года я путешествовал по миру, но он умудрялся выследить меня даже в Австралии. В результате всего этого я очень быстро превратился в алкоголика. Я пил, чтобы жизнь не казалась такой тяжелой, чтобы можно было стереть неприятные воспоминания. Мне казалось, что если по-настоящему хорошо напиться, то все происходящее со мной потеряет остроту. Это продолжалось долгое время. С шестнадцати или семнадцати лет я начал выпивать слишком много. Груз, который мне приходилось нести, был невероятно тяжел, и казалось, что от него никогда не удастся избавиться.

Вернувшись из путешествия, я пристрастился еще и к наркотикам. В двадцать лет надолго попал в больницу из-за серьезных проблем с поджелудочной железой, которые скорее всего были связаны с алкоголизмом. Во время приступов мне давали сильнодействующие обезболивающие, к которым я быстро привык и уже не мог без них жить. Мне сказали, что я не должен пить, но я опять стал практиковать «двойную жизнь»: все думали, что я не пью, а я продолжал. Теперь это было моим секретом. Я почти никогда не ложился спать трезвым.

Когда я только начал пить, мне хватало малого количества водки или виски, а закончил тем, что пил огромными порциями. И предпочитал водку, потому что кто-то сказал, что от водки не остается запаха. Это мало помогало, потому что, когда утром ты просыпаешься все еще вдрызг пьяным, уже не имеет большого значения, что ты пил накануне. Сколько времени я провел в разных больницах! Дольше всего провалялся в Мидлсексе. Там мне давали лекарство от алкогольной ломки, обезболивающее для поджелудочной железы, но пить я продолжал все равно.

Начал встречаться с девушкой по имени Кэтрин, и она поняла, что со мной что-то не так. В конце концов все открылось, и слава Богу за это. Тогда мне было двадцать шесть лет. Я стал посещать психиатров, психоаналитиков, психологов и психотерапевтов. От одних был толк, от других – один вред, от третьих не было ни вреда, ни пользы. Я упрямо пытался скрывать правду, но всем и так было ясно, что я алкоголик. В итоге мне пришлось отправиться на детоксикацию в реабилитационный центр города Эпсом.

В этом центре вскрылась история со школьным учителем и тем, что он сделал со мной. Я не хотел, чтобы кто-то знал об этом, не хотел писать заявление в полицию, не хотел никакого шума по этому поводу. Только когда мне сказали, что, возможно, сейчас он делает то же самое с кем-нибудь другим, я почувствовал, что должен все рассказать ответственным лицам. Насколько я знаю, он не понес за это никакого наказания. Но больше он не преподает и никогда не сможет преподавать.

В итоге, я оказался в реабилитационном центре в Квинстоун Роад, Баттерси, и не пожалел об этом. Там я перестал пить, и это было здорово. Мне становилось лучше и лучше. Кэтрин все время поддерживала меня. Она была источником, из которого я черпал силы. Если бы не она, не знаю, чем бы все закончилось. Наши отношения стали лучше, гораздо лучше. И все потому, что я перестал пить. Но, к сожалению, окончательно проблема еще не была решена. Время от времени я срывался, и Кэтрин было очень тяжело в эти дни. В июле 1992 года мы поженились – к этому времени я уже несколько лет обходился без стационарного лечения. Бракосочетание состоялось в церкви. Мы выбрали венчание, так как наши с Кэтрин родители – католики. Других причин предпочесть церковь светскому бюро по регистрации браков у меня, честно говоря, не было. Кстати, в это время у меня уже была работа: я был оператором кинокомпании.

В ноябре кто-то из родственников жены рассказал ей об *Альфа* курсе, который проходит в церкви Святой Троицы, и она решила пойти и посмотреть, что это такое. Кэтрин попала уже на вторую половину курса, но ей все равно очень нравилось. Поначалу я думал, что она попала в какую-то секту, и меня это не слишком радовало. Но потом я решил, что в этом скорее всего нет ничего плохого, так как Кэтрин очень рассудительна. «Пусть она ходит, но мне-то там точно нечего делать», – думал я. Мы все время спорили по этому поводу. Жесткое неприятие всего религиозного было привито мне так прочно, что не замедлило дать о себе знать, стоило Кэтрин лишь упомянуть об этом. Она совсем перестала разговаривать со мной на эту тему, так как не хотела нарываться на долгий и ожесточенный спор.

На следующий *Альфа* курс, который начинался в январе 1993 года, Кэтрин пришла вместе со своей двоюродной сестрой Мадлен, ее мужем Коном, ее братом Майклом, ее сестрой Клэр, ее сестрой Анной и приятелем Анны, которого звали Тим. Каждую среду вся эта гвардия направлялась в сторону церкви Святой Троицы, а потом уехала на уик-энд за город. Вернулись они оттуда в неописуемом восторге. Я решил, что это просто чрезмерное возбуждение. Много шума из ничего. Я все еще относился к происходящему очень и очень цинично. Кэтрин начала ходить в церковь по воскресеньям и время от времени приглашала меня с собой. Обычно я отказывался, но через некоторое время призадумался. Уж слишком очевидные перемены я замечал в Кэтрин.

Она была не просто спокойна, у нее был мир внутри. Я подумал: «Она моя жена. Мне нужно узнать, что все это значит, потому что, если я этого не узнаю, то никогда не пойму, действительно ли я пропустил что-то важное». Я решил пойти на собрание церкви в воскресенье. Как только вошел в зал, первое, о чем подумал, что все это похоже на сборище идиотов. Но один момент застрял у меня в голове – поклонение. Рик Торп тогда руководил прославлением, и я увидел в нем человека, похожего на меня. Он выглядел нормальным парнем.

Каждый раз, когда он поднимался на сцену, на его лице играла улыбка, словно он все еще смеялся над только что рассказанным ему анекдотом. Я понял, что тоже хотел бы услышать этот анекдот. И почему он выглядит таким счастливым? Чему все эти люди так радуются?

Под воздействием этих мыслей я пришел в следующий раз. Я не знал тогда, что Кэтрин молилась о том, чтобы Святой Дух коснулся меня на служении. И Он коснулся. Тогда я еще этого не понял, только почувствовал, что неизвестный мне прежде покой как будто снизошел на меня. Я расплакался во время прославления. Все вокруг меня стояли, а я сидел. Сидел и плакал, не понимая, что со мной происходит. Слезы рекой текли из глаз, и я ничего не мог с этим поделать. Я списал это на излишнюю эмоциональность, которая оказалась заразной. Я все еще очень недоверчиво относился ко всему тому, что было принято в этой церкви, но решил все же пройти *Альфа* курс. Почему бы и нет? Если он мог что-то изменить в моей жизни, нужно было не упустить шанс.

На первой встрече курса я поймал себя на мысли, что соглашаюсь со всеми историческими сведениями об Иисусе и о Библии. «Что ж, неплохо, – подумал я. – Не верю во все это, но, должен признать: то, что я слышу, мне нравится». Еще я подумал, что если все это действительно может принести какую-то пользу, хорошо бы с кем-нибудь обсудить все более подробно. Я решился позвонить Никки Гамблу на следующий день, но условился сам с собой, что не буду делать этого более двух раз. Если мне не удастся дозвониться до него с первой или второй попытки, что ж, по крайней мере, я попытался. Когда я звонил в первый раз, его не оказалось дома. «Хорошо», – подумал я и позвонил во второй раз. На этот раз я застал Никки, и он пригласил меня прийти к нему в тот же день в 17.30.

Летним вечером 6 мая 1993 года в 17.30 я пришел к Никки домой. Мы спустились в сад, и он предложил мне рассказать о себе. Я рассказал ему все. Еще никогда прежде не рассказывал все в один присест. На приеме у разного рода психотерапевтов и психиатров я рассказывал по чуть-чуть то об одном, то о другом. Тем более странно было, что на этот раз я выложил все сразу. Причем я остановился на довольно откровенных подробностях, которые раньше вообще никогда не всплывали. Через полчаса Никки спросил меня: «Не хотели бы Вы помолиться?» Я не хотел и сказал ему об этом. «Ну хорошо, – ответил он, – Вы можете не молиться, но я все же помолюсь. Вы не будете возражать?» Я не стал возражать, и Никки начал молиться за меня вслух. Пока он молился, я подумал, что ничего страшного не случится, если я закрою глаза.

Когда я закрыл глаза, на меня сошел невероятный мир. Меня переполняла благость и ощущение абсолютной безопасности. Никки продолжал молиться, а через некоторое время сказал: «Я чувствую очень сильное присутствие Бога, а Вы?» Я сказал: «Да, я тоже это чувствую». Это было невероятно! «Послушайте, – сказал мне Никки. – Здесь в книжке «Почему Иисус?» напечатан текст молитвы. Вы готовы сейчас помолиться так, как написано здесь?» Я понял, что все идет к этому, и согласился. Я сказал, что хочу отречься от всего, что сделал неправильно, и попросил Бога войти в мою жизнь.

В этой молитве есть слова, которые звучат примерно так: «Я прощаю всех, кто плохо обращался со мной». Никки попросил меня сказать, что я прощаю того человека, который испортил мою жизнь, когда я был еще ребенком. Это было нелегко. Я даже предположить не мог, что такое можно простить. Но я все же попытался и сказал, что прощаю того человека. Я повторил это три раза, и каждый раз моя ноша становилась легче и легче, так что на третий раз мне показалось, что я сейчас взлечу. Я испытал сильнейшее облегчение, как будто груз, который тянул меня вниз, упал с плеч. Как будто кто-то снял его с меня. Я знал, что простил этого человека, знал, что и сам прощен Богом. Мне так долго пришлось носить эту ношу, что теперь трудно было поверить в то, что я свободен.

Когда я вновь открыл глаза, слезы из них потекли рекой. То же самое произошло с Никки. Он сказал что-то вроде того, что не перестает удивляться, насколько велика сила Божья. «Точно», – согласился я. То, что произошло со мной, было более чем удивительно. Это было мощно, уникально и «в точку»! Ничего подобного я даже близко не испытывал ни у одного психотерапевта или психолога. Это было полное очищение. Полное прощение – это то, с чем не может сравниться ни одна «умная» книга, будь она подписана хоть Юнгом, хоть Фрейдом. Самые яркие открытия психоанализа бледнеют перед силой простого прощения, ощущения того, что ты сам прощен, перед тем, что могут дать отношения с Иисусом.

Тем вечером мы ждали на ужин одного друга. Он уже парковал свою машину у нашего дома, а мне очень хотелось рассказать Кэтрин о том, что со мной произошло. Я вбежал домой и крикнул: «Я только что встречался с Никки Гамблом и отдал свою жизнь Христу». Кэтрин даже не сразу поняла меня и переспросила: «Что ты сделал?» Но когда она поняла, она ликовала. Это было восхитительно.

Нашим гостем в тот вечер был приятель, который не ходил в церковь до того, как прошел *Альфа* курс, а теперь помогал на очередном курсе.

На следующий день я пошел к матери и рассказал ей о том, что со мной случилось. Никогда раньше я не видел ее такой счастливой. Это казалось невероятным. Она молилась за меня много-много лет. Когда я ехал по шоссе, магнитофон в моей машине играл что-то из прославления, и по моим щекам ручьем текли слезы. Тогда мне не только на лобовое стекло, но и на глаза нужны были дворники, чтобы смывать слезы радости, счастья... О, никогда еще я не испытывал такого счастья!

Мой отец, принадлежащий к традиционной католической церкви, сразу понял, что со мной произошло что-то серьезное. Я написал письмо тестю и теще, которые за меня много молились, и они тоже очень обрадовались. В воскресенье я пошел в церковь, и во время служения Санди Миллар пригласил всех, кто хочет принять Святого Духа, выйти вперед. Я вышел, и когда за меня помолились, почувствовал, как Святой Дух буквально ворвался в мое существо. Он совершенно заполнил меня всего. Я так открылся, что это могло бы даже показаться опасным, но я решил, что раз уж теперь Дух Святой со мной, я смогу справиться с чем угодно. У меня появились эти силы и эта уверенность.

Я продолжал приходить на *Альфа* курс, и теперь все было понятным и имело для меня огромное значение. Все мои псевдоинтеллектуальные претензии исчезли. В наших отношениях с Кэтрин тоже все изменилось. Брачные клятвы приобрели особое значение. Мы стараемся молиться каждый день и собираемся для молитвы с людьми из моей группы. Иногда я молюсь за того своего обидчика. Я понял, что он очень одинокий, запутавшийся и несчастный человек. Он больше не представляет для меня проблемы.

Все это было ответом на молитвы. Кэтрин очень много молилась, пока ходила на курс без меня. У нее есть молитвенный дневник, и мы недавно просматривали его. Там есть такие строчки: «Пусть Мартин пойдет в церковь» – и галочка напротив. «Пусть Мартин пройдет *Альфа* курс» – две галочки. «Пусть Мартин станет христианином» – огромная большая галочка и много маленьких с озорными улыбающимися рожицами.

5

Рецепт *Альфы*

Когда я учился на последнем курсе университета, Филиппа (теперь моя жена, а в то время - просто друг) работала профессиональным поваром в Бельгии. Если мы приглашали гостей и хотели приготовить что-нибудь особенное, я нередко обращался к ней за рецептами. Мы были студентами, и рацион наш был незатейлив. На завтрак – каша, на обед – хлеб с сыром. Нам приносили ежедневно по пинте (= 0,57л. – прим. перев.) молока. Мы покупали буханку хлеба и немного сыра. Когда хлеб становился достаточно черствым, мы клали его на подоконник, чтобы он подсушился и превратился в сухари. Однажды в нашем холодильнике скопилось довольно много молока, а на подоконнике – много хлеба. Еще у нас было одно яйцо и немножко сыра. Я позвонил Филиппе и спросил: «Существует ли рецепт блюда из яиц, сыра, хлеба и молока?» Она ответила: «Да. Возьми 12 яиц, взбей их, добавь немного молока, замочи хлеб в полученной смеси, сверху положи немного сыра и поставь в духовку. У тебя получится суфле». Я подумал: «Здорово! Звучит отлично! Наверное, ничего, если пропорции ингредиентов нашего блюда будут немного другими». И вот я разбил в форму одно яйцо, вылил туда семь пинт молока, замочил в полученной смеси хлеб, сверху положил немного сыра и поставил все это печься в духовку. В результате получилось нечто отвратительное. Абсолютно несъедобное!

Проблема была в том, что я недостаточно точно последовал рецепту. Думаю, что иногда люди совершают подобную ошибку в отношении *Альфа* курса. Они размышляют так: «Ну, хорошо, быть может, мы только чуть-чуть его изменим и посмотрим, что получится». Когда они так поступают, возникает следующая проблема: они лишают себя возможности узнать, насколько эффективным оказался бы *Альфа* курс, если бы они все сделали по рецепту. Мы советуем церквям следовать рецепту, по меньшей мере, первые несколько витков курса, потому что существует особая причина, почему нужно положить именно 12 яиц и совсем немного молока, а не наоборот. Но вы этого не узнаете, пока не сделаете именно так.

Мы проводим *Альфа* курс уже двадцать пять лет, и совершили так много ошибок! В результате всех этих ошибок мы хотим предложить «*Альфа* рецепт» – ингредиенты и методы, наиболее простые в применении и многократно проверенные на опыте. Мы советуем вам как можно точнее следовать этому рецепту. Так что же это за рецепт?

Когда?

Во-первых, необходимо установить дату проведения курса. На весь курс уходит одиннадцать недель (вместе с заключительным праздничным ужином). *Альфа* курс в церкви Святой Троицы проходит вечером по средам (мы проводим и дневной *Альфа* курс – см. Приложение Б). Для того, чтобы сохранить должный рост, крайне важно проводить минимум три курса в год. Раньше мы проводили в год четыре курса, но затем нам пришлось сократить это число до трех. Мы пришли к выводу, что лучшее время для Альфы – это осенний период (с октября по декабрь), весенний период (с января по апрель) и летний период (с мая по июль).

Поскольку *Альфа* курс – повторяющаяся программа и требуется некоторое время, чтобы к ней привыкнуть, не думаю, что можно судить о том, работает курс или нет, до тех пор, пока он не будет проведен как минимум девять раз! Тому есть две причины: если церковь только начинает проводить *Альфа* курс, обычно большинство гостей – это члены церкви, поэтому количество участников достаточно большое. Через некоторое время, когда большая часть людей из церкви уже прошли курс, падает и численность участников курса. Только после того, как сделано три или четыре витка, начинают приходить люди, редко посещающие церковь или вообще ее не посещающие, а члены церкви проявляют большую активность. Здесь *Альфа* курс и начинается по-настоящему. Один пастор из Канзас-Сити побывал на *Альфа* конференции в англиканской церкви в Торонто и, уезжая домой, сказал: «Я поеду домой и проведу этот курс девять раз, независимо от того, насколько успешным он будет». На первый курс пришли двадцать человек, все они были христианами, и эта затея показалась ему ужасно скучной! На следующем курсе присутствовало двенадцать человек, но все они были неверующие. За два года *Альфа* здесь выросла до 125 человек.

Альфа курс – это не быстродействующее средство для церковного роста. Тем не менее, если мы хотим на протяжении долгого времени видеть, как в церковь приходят новые люди, я не знаю более эффективного средства, чем *Альфа.* Секрет в том, чтобы продолжать проводить его, так как необходимо время, чтобы устранить недостатки, привыкнуть к нему, понять, как лучше адаптировать его к ситуации. Викарий одной из наших церквей сказал мне недавно, что у них прорыв произошел, когда *Альфа* курс проводился в тридцать шестой раз! Так что мы должны быть настойчивы и терпеливы.

Где?

Необходимо найти помещение. Самое идеальное место – у кого-нибудь дома. Мы много лет проводили *Альфа* курс дома и долго раздумывали, стоит ли проводить его в церковном здании, поскольку домашняя обстановка лучше воспринимается теми, кто не ходит в церковь. В результате мы все-таки перешли в церковное здание, но только потому, что слишком возросло количество участников. Когда ваш *Альфа* курс перерастает размеры дома, необходимо найти помещение, в котором царит доброжелательная атмосфера.

Как приглашать людей?

Четырнадцать способов привлечь людей на ваш Альфа курс

Приглашение людей пройти *Альфа* курс – это препятствие, которое многим церквям кажется трудно преодолимым. Большинство приходят на курс, так как их лично пригласили друзья или родственники, но существует и множество других способов привлекать людей.

1. *Друзья, родственники и коллеги по работе тех, кто прошел предыдущий курс. Альфа* курс растет преимущественно благодаря тому, что прошедшие его люди рассказывают о своем опыте друзьям, родственникам, коллегам по работе и приглашают их на следующий курс. Чем дольше мы проводим *Альфа* курс, тем более стабильным он становится. Некоторые из тех, кто только что закончил прохождение курса, могут пригласить

своих друзей на следующий виток, но в равной степени они могут пригласить их и через год, и даже через три года. Это подчеркивает важность *Альфа* курса как повторяющейся программы.

Одна из целей темы «Нужно ли говорить людям о своей вере и как это делать?» (неделя 8) – мотивировать участников приглашать своих друзей на праздничный ужин и на следующий *Альфа* курс.

2. *Праздничный ужин Альфа курса.* Цель праздничного ужина – празднование завершения очередного курса и одновременно запуск следующего. Ужин дает хорошую возможность гостям пригласить своих друзей, родственников и коллег прийти и в дружественной обстановке прослушать тему «Христианство: Скучно? Ложно? Неважно?» В рамках *Альфа* инициативы изготовлены специальные приглашения на ужин, которыми можно воспользоваться, чтобы рассказать друзьям об *Альфе* и пригласить их.

Наша цель – создать непринужденную, доброжелательную атмосферу. У людей должно быть ощущение праздника. Мы украшаем столы красивыми скатертями, цветами, свечами, а также включаем приятную фоновую музыку (но не прославление).

Рекомендуется следующее расписание праздничного ужина:

19.00 Приходят гости
19.15 Ужин
20.30 Интервью/свидетельства
20.50 Тема «Христианство: Скучно? Ложно? Неважно?»
21.25 Кофе/чай
21.45 Люди начинают расходиться

Свидетельства – это очень важная часть вечера (см. Приложения, в которых содержатся советы, как выбирать людей и проводить интервью).

Мы рекомендуем класть на столы брошюры «Почему Иисус?» и приглашения на следующий курс во время подачи кофе, чая, десерта и (или) перед уходом гостей, когда вечер близится к концу. Мы не просим людей сразу записываться на курс, так как заметили, что они, как правило, не хотят оставлять свое имя и координаты. Я приглашаю их прийти на первый вечер *Альфа* курса, обещая, что, если они не захотят вернуться, никто не будет им звонить или засорять их почтовый ящик. Это снимает с людей напряжение, они начинают понимать, что никто не собирается на них давить. Большинство из тех, кто приходит в первый вечер, продолжают приходить и дальше по собственному желанию.

3. Знакомые членов церкви. На церковь из 100 человек приходится в среднем 300 родственников, большое число друзей, коллег по работе и знакомых. Исследования показали, что для многих людей значительной преградой является дверь церкви. Тем не менее, личное приглашение на *Альфа* курс от знакомого человека может казаться очень привлекательным. Это одна из причин, почему приходскому священнику, служителю, пастору, пресвитеру (т.е. руководителю церкви) важно вдохновлять людей, приходящих на собрание, приводить с собой друзей.

У меня есть друг по имени Уэс Ричардс. Он пастор независимой церкви в городе Слоу. В этой церкви *Альфа* курс проводят уже несколько лет и очень успешно. На праздничный ужин приходило семьдесят человек. Курс развивался очень хорошо. Но полтора года назад пастор решил сменить тактику для приглашения людей. Он объявил, что отныне *Альфа* является центральным звеном их стратегической цепочки евангелизации. Пастор стал ободрять людей приводить своих друзей, проповедовал об этом. В результате, в сентябре количество пришедших на праздничный ужин составило 700 человек.

4. *Желающие креститься.* В большинстве церквей есть люди, редко посещающие собрания, но наверняка найдутся и такие, которые воспринимают церковь просто как некое учреждение, и приходят только если, например, хотят крестить своихдетей. Мы заметили, что *Альфа* курс идеален для подготовки таких родителей к крещению детей.

5. *Обрученные пары.* Многие начинают приходить на служения церкви из-за того, что собираются вступить в брак. Почему бы не предложить тем, кто собирается жениться в вашей церкви (или недавно вступил в брак), пройти *Альфа* курс?

Один церковный руководитель, побывав на *Альфа* конференции, вернулся домой, полный энтузиазма. В ближайшее воскресенье он рассказал об *Альфа* курсе на собрании, но никто не проявил к его рассказу ни малейшего интереса. Этот человек отправился домой в глубоком разочаровании. Стал молиться, потом подумал: «Я обвенчал пять молодых пар в этом году. Все эти люди – не христиане, и не ходят в церковь. Приглашу-ка их». Он так и сделал, и четыре пары из пяти согласились. Молодые люди прекрасно провели время на курсе. Некоторые из них отдали свою жизнь Иисусу, трое сейчас служат в церкви, один – церковным казначеем.

6. *Люди, приходящие в церковь по праздникам и поособым случаям.* Многие люди приходят в церковь только на Рождество, Пасху, Праздник урожая и на семейные торжества. Эти мероприятия – идеальная возможность рассказать Евангелие тем, кто при обычных обстоятельствах не пришел бы в церковь. В надлежащей форме можно рассказать об *Альфа* курсе, разрекламировать его на досках объявлений или с помощью других наглядных средств. Например, на праздновании Рождества,

в заключительной части праздника мы раздаем брошюры «Почему Рождество?» (с приглашением на очередной курс).

7. Церковный журнал/газета. Если ваша церковь или группа церквей выпускает собственный журнал, используйте его для рекламы *Альфа* курса. Публикация интервью с теми, кто пришел ко Христу на местном *Альфа* курсе, является эффективным способом свидетельства другим. Этот метод помогает достичь тех, кто связан с церковью только через ее печатные издания. Если вы еще не проводили *Альфа* курс, будет полезно напечатать свидетельства людей из других церквей, из газеты *Альфа* Новости или из книги «Когда жизнь в Его руках». (Пожалуйста, для получения разрешения на публикацию материалов из этих изданий обращайтесь в офис церкви Святой Троицы).

8. Социальные группы (детские и подростковые клубы, группы для матерей с детьми ясельного возраста, курсы для вступающих в брак и для молодых родителей). Многие церкви сейчас активно участвуют в социальной работе. Столовые для бездомных, утренние чаепития для молодых матерей с детьми, супружеские и родительские курсы приобретают все большую популярность среди людей, не посещающих церковь. Такие группы создают прекрасные условия для рекламы или даже проведения *Альфа* курса.

9. Гостевые служения. Гостевые собрания ставят целью прежде всего достичь людей, которые не ходят в церковь. Они проводятся в воскресенье перед началом *Альфа* курса. Мы стараемся, чтобы о таком служении было объявлено заранее, и просим людей приглашать своих друзей. Это служение в целом похоже на обычное воскресное собрание. Самое главное – провести его в наиболее доброжелательной и радушной манере и никого не напугать. Многие люди после посещения такого рода служения приходят на *Альфа* курс.

Личные свидетельства об измененной жизни – ключевой элемент гостевых служений. Они являются мощным средством, вдохновляющим людей прийти на *Альфа* курс. Такие свидетельства достаточно легко подготовить, организовать. Мы стараемся выбирать людей, которые могли бы быть привлекательными для наших гостей – таких, которые «внушают доверие». Если вы раньше не проводили *Альфа* курс, возможно, вам следует пригласить кого-нибудь из другой церкви, кто мог бы рассказать о своих переживаниях. Людям, которых мы хотим попросить засвидетельствовать о переменах, которые произошли в их жизни в связи с прохождением *Альфа* курса, мы обычно не сообщаем свою просьбу заранее, так как неподготовленные свидетельства, высказанные экспромтом, как правило, наиболее эффективны. Беседу мы проводим в стиле интервью, и задаем самые простые вопросы.

Как правило мы используем три основных вопроса и задаем их в следующем порядке:

- Были ли Вы христианином/ходили ли в церковь полгода назад?
- Что произошло за это время?
- Какие изменения Иисус произвел в вашей жизни?

Хорошо рекламировать гостевые служения с помощью печатных приглашений или даже поместить объявление в церковной или местной газете. Мы также рекомендуем *Альфа* команде быть готовой в конце служения ответить на вопросы людей и раздать приглашения на следующий курс, а также брошюры «Почему Иисус» и буклеты «Что такое *Альфа* курс?».

10. Воскресное служение, посвященное Альфа курсу. Такое служение, как правило, проводится за неделю до гостевого служения, и представляет собой обычное собрание, в которое включено 10-минутное выступление, посвященное *Альфа* курсу. Его цель – воодушевить членов церкви пригласить своих друзей на гостевое служение, запланированное на следующей неделе, и на ближайший *Альфа* курс. Обычно мы вкратце рассказываем, что это за курс, и даем пару свидетельств с предыдущей *Альфы.* А еще раздаем приглашения на ближайший курс, говорим о гостевом служении, намеченном на следующую неделю, и напоминаем людям, что они могут пригласить на него своих друзей.

11. Евангелизационные мероприятия. Альфа – идеальный курс для обучения людей, обратившихся ко Христу в результате евангелизационных мероприятий. Он был использован таким образом Луисом Палау, Джей Джоном и другими евангелистами. Если вы устраиваете евангелизацию, церковное празднество или социальное мероприятие в своем районе, то можете использовать *Альфа* курс для последующей работы с людьми и вдохновить их более глубоко исследовать вопросы христианской веры на местном *Альфа* курсе. Очень важно, чтобы на евангелизационном мероприятии была доступна подробная информация об *Альфа* курсе.

12. Семейные курсы. Мы видим, как все больше новых людей приходят к нам с таких курсов. Некоторые люди не пошли бы на *Альфа* курс, но они знают, что им нужна помощь, например, в вопросах брака или воспитания детей. Никки и Шила Ли проводят супружеский курс в церкви Святой Троицы. По своему формату он похож на *Альфа* курс: люди ужинают, прослушивают выступление спикера, пьют чай или кофе и общаются в малых группах. Разница только в том, что малые группы состоят из двух человек – из мужа и жены. Они вместе выполняют различные упражнения и задания. Этот курс оказался очень эффективным для людей, не посещающих церковь. Думаю, люди все больше начинают понимать, что брак – одна из наиболее важных составляющих нашей жизни, но общество не дает возможности научиться правильно устраивать свою семью, и мы нуждаемся в помощи. Посещать супружеский курс – не значит признать собственную несостоятельность. Но пройти такой курс – разумно: даже если брак благополучен, он может стать еще более успешным, ведь всегда есть возможность для усовершенствования.

На супружеский курс приходят люди самые разные: от тех, чей брак всегда был образцовым, до стоящих на грани развода. Часто по окончании курса его участники говорят: «Нам очень понравилось». Возможно, за это время они уже слышали об *Альфа* курсе, поэтому высказывают пожелание: «Теперь мы хотели бы пройти и *Альфа* курс». У нас на *Альфе* всегда есть люди, пришедшие с супружеского курса. Теперь движение стало двусторонним: потому что бывает так, что на *Альфа* курс приходят люди, говорящие: «Нашему браку нужна помощь». Так что на *Альфа* курс идут люди, только что прошедшие супружеский курс, а на супружеский курс – те, кто недавно прошел *Альфу*.

13. Регистр Альфа курсов. Это список церквей, проводящих *Альфа* курс. Размещение в нем – бесплатно. Мы заметили, что регистр оказывает колоссальную помощь людям, желающим рассказать об *Альфа* курсе своим друзьям, родственникам и коллегам, живущим в других городах.

Мы настоятельно советуем вам зарегистрировать свой *Альфа* курс, если вы этого еще не сделали. Тогда ваши координаты автоматически появятся на веб-сайте *Альфы*. Все большее число людей приходят на курс по рекомендации родственников или друзей из других уголков страны или мира, получив ссылку на регистр адресов в газете *Альфа* Новости или связавшись с *Альфа* офисом.

Один молодой человек хотел, чтобы его тесть, мойщик окон, живущий в городе Уэстон-сьюпер-Мэр, прошел *Альфа* курс. Он узнал по регистру *Альфа* курсов, где проходит ближайший, и в первый же вечер привел туда своего тестя, которому все очень понравилось, и он прошел весь курс до конца. Тесть обратился ко Христу и, как мойщик окон, стал очень успешным евангелистом.

14. Использование рекламных ресурсов

- Церковные рекламные щиты. – В деловом мире бытует мнение, что церкви слишком пренебрегают одним из эффективных рекламных ресурсов – щитами вдоль дорог страны.

- Плакаты – те, что размещают в окнах домов членов церкви, – хороший способ бесплатной рекламы, он позволяет всем соседям узнать об *Альфа* курсе. Если бы каждый, кто проводил *Альфа* курс в Соединенном Королевстве (а это более миллиона человек), повесил плакат на своем окне, это само по себе оказало бы огромное воздействие на окружающих. Плакаты можно также размещать в витринах магазинов, библиотек, закусочных, кофеен, в окнах офисов и заводов – если на то есть разрешение!

- Автомобильные наклейки – сравнительно недорогой способ рекламы.

- Распространение рекламных брошюр по домам. – Недавно церковь в городе Илинге решила сделать все возможное, чтобы как можно больше людей узнали об *Альфа* курсе. Она оплатила распространение брошюр в 10 000 домах своего района. Это обошлось ей в 200 фунтов. В результате на *Альфа* ужин пришли 65 человек, которые раньше не посещали церковь, 50 из них пришли и на сам *Альфа* курс. Большинство из этих людей к христианству до этого не имели никакого отношения.

- Участие в *Альфа* инициативе. – Со времени начала проведения *Альфа* инициатив в 1998 году мы стали свидетелями значительного роста числа людей, приходящих на курс в странах проведения этих инициатив. В Соединенном Королевстве количество не посещающих церковь людей, пришедших на курс, удвоилось, а данные опросов показывают, что к настоящему времени 4,9 млн. человек либо сами прошли *Альфа* курс, либо знакомы с теми, кто его прошел.

Большинство людей приходят на *Альфа* курс в результате личного приглашения. Роль рекламы – облегчить этот процесс. У рекламы есть пять преимуществ:

- Она дает возможность *Альфе* существовать как бы на законных правах. Обычно человек делает заключение о значительности события, если видит, что оно должным образом освещается в рекламе.
- Реклама вдохновляет уже прошедших *Альфа* курс приглашать на него других людей.
- Она дает повод для начала разговора. Рекламные щиты, объявления в газетах, постеры помогают непринужденно спросить: «А вы видели эту рекламу? Вот что будет проходить у нас на будущей неделе. Не хотите ли прийти?»
- Если человек получил брошюру, увидел рекламный щит или плакат и прочитал об *Альфа* курсе в газете, у него может зародиться мысль: может в самом деле стоит прийти? Благодаря рекламе возрастает вероятность, что он откликнется на личное приглашение.
- Реклама помогает поднимать духовные вопросы в СМИ (масс-медиа), дает возможность говорить об этих вопросах окружающим и делает людей более открытыми для того, чтобы принять приглашение на *Альфа* курс.

Но реклама не работает без дополнительной помощи: христиане должны лично приглашать друзей, родственников и коллег на *Альфа* курс.

Формирование команды

Когда вы начинаете *Альфа* курс, вашей первой задачей будет сформировать команду лидеров. Если вы ожидаете, что гостей будет больше тридцати человек, в команду нужно включить администратора и, возможно, лидера поклонения.

Лидеры и помощники должны составлять примерно треть участников курса. В каждой малой группе обычно около двенадцати человек, трое или четверо из которых – лидеры или помощники. Эти люди должны быть подобраны очень тщательно. Лидерами могут стать люди со способностями евангелистов. Они не обязательно должны иметь многолетний «христианский опыт». Нужные вам люди, как правило, легко сходятся с другими и хорошо к ним относятся, и это первое проявление дара евангелиста. Если кто-то рекомендует мне кого-то, предположим, Джейн, в качестве лидера, я «испытываю» ее таким образом: спрашиваю того, кто рекомендует Джейн: «Представь себе, что у тебя есть друг, который не ходит в церковь, и за которого ты молишься уже несколько лет. Был бы ты совершенно спокоен, если бы он попал в группу Джейн?» Если нет, то, скорее всего Джейн, не подходит в качестве лидера малой группы на *Альфа* курсе. Если да, то, видимо, она будет хорошим лидером.

В каждой группе у нас один или два помощника, обычно это мужчина и женщина: семейная пара либо двое не состоящих в браке. Однако мы стараемся, чтобы молодой человек и девушка, которые встречаются или помолвлены, не были лидерами или помощниками в одной группе, поскольку могут возникнуть сложности, если их отношения будут разорваны до того, как закончится курс. В идеале хорошо, когда в каждой малой группе в составе руководства находятся и семейная пара, и двое незамужних (неженатых) людей.

Помощники должны пройти тот же тест, что и лидеры, но они могут быть сравнительно «молодыми» христианами. На самом деле, иногда они могут вообще не быть христианами. Многие из наших помощников – это те, кто окончил предыдущий курс. Некоторые просят разрешения пройти курс еще раз. В таком случае я могу предложить им быть помощниками. Тех, кто наметил просто повторить курс, я всячески от этого отговариваю. Не хочу, чтобы люди застревали на одном месте и проходили *Альфа* курс снова и снова. Им надо идти вперед по своему пути веры. Вернуться и помогать другим – это и есть движение вперед. Те, кто недавно прошел курс, обычно особенно чувствительны к страхам и сомнениям участников своей группы. Они могут выразить им свое понимание, говоря: «Я тоже такое чувствовал» или «Мне тоже было трудно это принять», что рушит барьер между «нами» и «ими».

Помимо желающих пройти курс повторно, в команду помощников может войти и другая категория участников предыдущего курса. Я прошу лидеров порекомендовать мне тех членов своей группы, которые, по их мнению, смогли бы быть хорошими помощниками на следующем курсе. Я сам наблюдаю за теми, кто сумел бы, на мой взгляд, стать хорошим помощником, и прошу их вернуться и помогать нам. Как правило, это новообращенные христиане, и у многих из них огромное количество неверующих друзей. Очень большой процент участников следующего курса составляют друзья помощников. Это один из способов роста всего *Альфа* курса. Я заметил, что у людей в возрасте от 18 до 35 лет, как правило, самое большое количество друзей, и что большинство из них все еще достаточно «открыты» в своем мировоззрении. Как только люди из этой возрастной группы приходят на курс, число гостей сразу начинает расти быстрее. Если мы хотим привлечь молодежь, нам нужны лидеры и помощники того же возраста.

Однажды я беседовал с Нэн Киркленд, женщиной восьмидесяти лет. Она провела уже девять витков *Альфа* курса, участниками которых стали 250 человек. Нэн показала фотографию людей одного из курсов, и я был крайне удивлен, увидев, что в этой группе не было ни одного человека старше 30 лет за исключением ее самой. Я не хотел показаться невежливым, но все же спросил: «Как вам удалось собрать всю эту молодежь на своем курсе?» Она ответила: «На моем курсе нет лидеров или помощников старше 30 лет... большинству из них 20-21 год. Они и привлекли остальных».

Но это ни в коем случае не означает, что если нам за тридцать, то нечего и пытаться! Нэн доказала это, реализовав себя в таком хорошем деле! Однако она поняла, что для привлечения молодежи нужны молодые лидеры и помощники.

Некоторые люди не обладают дарованиями или качествами характера, необходимыми, чтобы быть лидерами или помощниками. Порой мы совершаем ошибку, думая, что работа с гостями может оказаться им полезной, даже если они не подходят для этого. В центре нашего внимания должны быть гости. Мы поняли, что, если человек не подходит для лидерства, гораздо лучше предложить ему применить свои дары в чем-то другом, например, стать участниками «группы поддержки».

«Группа поддержки» – люди, которые решают практические задачи, такие, как приготовление пищи, сервировка столов, мытье посуды, перестановка стульев. Эти люди очень важны, только с их помощью собрания проходят гладко. Они не принимают участие в малых группах, потому что полностью заняты другим делом. У нас всегда набирается прекрасная группа поддержки. Эти люди особо и не хотят участвовать в малой группе, либо не вполне подходят для этого, зато все они наделены «даром вспоможения» (1 Коринфянам 12:28). Они похожи на людей, которых в Деяниях апостолы выбрали для того, чтобы «пещись о столах» (Деяния 6:2): мужчины и женщины, наполненные Духом Святым и желающие служить в любом качестве. Их любовь и служение сами по себе являются сильным свидетельством любви Христа к тем, кто пришел на курс.

Священник одного из первых католических приходов, в котором начал проводиться *Альфа* курс, приехал на *Альфа* конференцию в церковь Святой Троицы в Бромптоне. Вернувшись домой, он провел курс, который имел огромный успех. Я спросил его, сам ли он читает темы на *Альфа* курсе. Он ответил: «Нет, я не читаю темы. Не думаю, что у меня есть для этого способности». Тогда я задал вопрос: «Вы ведете малую группу на курсе?» Он сказал: «Нет, я не считаю, что это мое дело». Я спросил: «Но вы участвуете в *Альфа* курсе?» – «О, да, разумеется. Я готовлю еду и убираюсь после того, как гости разойдутся. Думаю, что именно в этом и заключаются мои дары. Мне очень нравится чувствовать свою сопричастность к этому, приятно, что все знают, что я поддерживаю курс, но таков мой дар».

Нужно сверхъестественное смирение, чтобы так поступать. И меня не удивляет, что курс в этом католическом приходе настолько успешен, и так много людей через него приходят ко Христу. Священник, о котором я рассказал, любит *Альфа* курс, потому что видит, как оживает вера людей во Христа. Ему нравится действовать в одном из своих даров (хотя, я убежден, что у него есть много других даров) и наблюдать, как применяют свои дары другие люди.

Обучение команды

Наши последние исследования показали, что 26 процентов церквей, проводящих *Альфа* курс, не ведут никакого обучения команды. Мне очень грустно слышать это! Если команда не обучена, малые группы скорее всего будут неэффективными. Печально, что приходиться так утруждать себя, приглашая гостей, а потом не иметь возможности дать им самое лучшее.

Очень важно, чтобы все члены команды (включая христиан с многолетним «стажем») прошли обучение. Лидеры, помощники и группа поддержки – все приглашаются на собрания для обучения. Мы проводим три семинара. Два из них обычно проводятся вечером в две последние среды перед началом курса. На первом мы говорим о пасторской опеке (см. главу 7). На втором – о том, как вести малую группу (см. главу 9). Третий семинар обычно проводится в понедельник вечером, перед уик-эндом. Его тема – служение людям на *Альфе* (см. главу 13). Эти семинары дают возможность команде познакомиться ближе до начала курса и вместе молиться за курс.

Семинары для членов команды начинаются в семь часов вечера с ужина. Очень важно, чтобы команда проводила время вместе, и люди познакомились друг с другом до начала курса. В 19.45 начинается поклонение и молитва. Все время мы подчеркиваем важность молитвы за *Альфа* курс. Затем следует выступление на соответствующую тему, после чего задаются вопросы или по выступлению, или по поводу других аспектов курса. Здесь же мы решаем некоторые административные вопросы и подготавливаем людей к той работе, которую им предстоит выполнять. Каждую такую встречу мы стараемся закончить в 21.45.

После *Альфы*

Часто оказывается, что благодаря дружеским отношениям, завязанным на курсе в малых группах, члены групп хотят продолжать общаться и после окончания *Альфа* курса. К тому же новообращенным христианам нужно помочь войти в жизнь христианской общины. Существуют разумные способы решения этой задачи. Сегодня по всему миру проводятся тысячи *Альфа* курсов, и поступают предложения составить продолжение курса, материалы которого можно было бы изучать в домашних группах. Откликнувшись на это предложение, мы разработали программу более или менее полноценного христианского образования, в которую сейчас включены следующие книги: «Вопросы жизни» (то есть материалы *Альфа* курса), «Жизнь, прожитая не зря», «Сложные вопросы», «Новый стиль жизни» и «В сердце пробуждения».

Более подробно об этих книгах можно прочитать в конце данного издания. Их основная задача – дать людям твердое библейское основание, на котором они могли бы строить свою жизнь и взращивать веру, а также просто и доступно попытаться помочь им решить некоторые проблемы.

Заключение

Люди часто спрашивают меня: правда ли, что *Альфа* курс – рецепт стопроцентного успеха? То есть правда ли, что каждый, приходящий на курс, становится христианином, переживает исполнение Святым Духом, влюбляется в Иисуса и приводит сотни друзей и знакомых на следующий курс? К сожалению, ответ на этот вопрос: «Нет! Так бывает далеко не всегда». Статистика последних курсов показывает, что примерно 25% гостей не заканчивают курс. Мы попытались проанализировать это явление и обнаружили следующие причины.

Первой причиной, по которой люди перестают приходить, являемся мы сами, когда проводим курс не так хорошо, как могли бы. Поэтому в конце мы всегда предлагаем людям заполнить анкету, чтобы понять, каким образом курс может быть усовершенствован (см. Приложение Г).

Во-вторых, иногда люди бросают курс по не зависящим от них обстоятельствам. Например, если появляется необходимость переехать в другой город. Однако сейчас все больше и больше возможностей пройти курс в той или иной местности. Я знаю одну пару, которая начала курс в Лондоне, а закончила в Гонконге! Еще один человек с первой по седьмую неделю посещал курс в церкви Святой Троицы в Бромптоне, потом ему нужно было уехать в командировку в Бостон, и восьмую тему он изучил на *Альфа* курсе Бостона, а затем вернулся и завершил курс у нас. Эти примеры наглядно демонстрируют, насколько полезно публиковать регистр *Альфа* курсов.

В-третьих, люди отпадают по причинам, которые имел в виду Иисус, рассказывая притчу о сеятеле (см. Матфея 13:3-8, 18-23). Сердца некоторых слишком тверды: они просто не готовы к восприятию Благой Вести и часто не приходят уже на вторую встречу. Некоторые из них возвращаются на курс через год. Один человек, который возобновил посещение *Альфа* курса аж через четыре года, сказал мне: «Я не смог забыть того, что услышал на первом вечере».

Иногда люди перестают приходить из-за жизненных неурядиц или из-за насмешек и давления со стороны окружающих. Над ними начинают смеяться и спрашивать: «И что же ты делаешь в церкви по средам?»

Многие приходящие прибегают ко лжи, чтобы не признаваться в том, что же они на самом деле делают каждую среду вечером. Один человек рассказал, как однажды к нему из Новой Зеландии приехал друг и пригласил его сходить куда-нибудь в среду вечером. Так как тот не хотел пропустить занятие на *Альфа* курсе, то стал придумывать разные туманные отговорки. «Жаль», – сказал друг и посмотрел в свой дневник. «А в следующую среду можешь?» – поинтересовался он. В следующую среду тот тоже не мог, как и в последующую за ней. Нужно было как-то это объяснить. Он решил признаться, что проходит курс. «И что же это за курс?» – спросил друг. «Я изучаю французский», – соврал мой знакомый.

Люди боятся признаться, что посещают курс по изучению основ христианства, потому что страшатся насмешек. Заботы этого мира, страсть к богатству и другие желания заглушают в них ростки Божьего Слова. Мы часто сталкиваемся с тем, что люди покидают нас в середине курса или даже ближе к его окончанию, потому что не хотят портить отношения со своими партнерами, пропустить возможность повышения по службе и тому подобное.

Но есть и четвертая категория людей, сердца которых Иисус охарактеризовал как «добрую почву». Однажды мы проводили курс, который казался нам очень неудачным, до конца дошел только один человек по имени Дэвид. Он работал брокером на бирже ценных бумаг и каждое утро в одно и то же время ездил на работу на поезде. Причем в течение многих лет он сидел на скамье напротив одного и того же человека. Но они англичане и не могли заговорить друг с другом, не будучи представлены. В конце концов они встретились на какой-то вечеринке, их познакомили, и Дэвид стал работать в компании Ника. Однажды они вместе обедали, и Дэвид спросил Ника, как ему удается справляться с такой изнуряющей работой. «С Божьей помощью», – ответил Ник. Они разговорились об этом, и в итоге Дэвид захотел прийти на *Альфа* курс.

Где-то на третьей или четвертой неделе он приехал расстроенный и почти ничего не говорил. Его спросили, в чем дело, и он признался, что сейчас проходит медосмотр перед устройством на новую работу, и оказалось, что один из показателей его анализа печени в 10 раз превышает норму. Врач сказал, что он умрет в ближайшие полгода, если не прекратит пить. Только самые близкие люди знали, что Дэвид – алкоголик. По этой причине его брак был на грани развала. Лидер группы предложил Дэвиду помолиться за него, чтобы эта зависимость была разрушена, а он принял Христа. Дэвид отнесся к предложению скептически, но решил, что попробовать стоит. На следующий день он был изумлен, обнаружив, что уже 2 часа после полудня, а ему все еще не хочется выпить. Обычно к этому времени желание выпить было настолько сильным, что он не мог сопротивляться ему. Дэвид рассказал об этом на следующей встрече курса. Каждый раз, когда приходило ощущение пустоты, которое вызывало в нем потребность выпить, он принимался читать Библию. Жена Дэвида негодовала: он сделал ради Бога то, что она просила сделать его двадцать лет! Но она все же пришла на праздничный ужин и привела двоих детей, двенадцати и пятнадцати лет. Мы с ней очень мило побеседовали, и она призналась, что Дэвид теперь – другой человек; у нее снова есть муж, а у детей – отец.

Как вы понимаете, жену Дэвида – Анну – было совсем нетрудно уговорить пройти очередной виток *Альфы*. Дети тоже прошли ее и рассказали своим друзьям в школе о том, что с ними произошло. Затем на *Альфа* курс пришла сестра Дэвида, так как увидела изменения в своем брате. Еще одна пара пришла только потому, что кто-то рассказал им историю Дэвида. Одна из помощниц, видя все это, привела мужа, который был алкоголиком, и он тоже избавился от своей зависимости. Появилась еще одна пара, которая когда-то бросила курс, но теперь вернулась только для того, чтобы увидеть, что случилось с Дэвидом; а в результате прошла очередной курс до конца. Дух Святой очень изменил их супружеские отношения. Следующий виток *Альфы* они провели уже как лидеры малой группы. И вся их группа завершила курс в полном составе – ни один не ушел!

Семена, которые попадают в хорошую почву, приносят урожай в тридцать, шестьдесят или, как в случае с Дэвидом, сто крат.

История Мэри Стефенсон

6

Мэри Стефенсон

Мама Мэри Стефенсон молилась всю свою жизнь о том, чтобы ее дочь смогла прийти к вере в Иисуса Христа. Она видела, как Мэри становилась наркоманкой, воровкой и, в конце концов, угодила в тюрьму, но никогда не прекращала молиться за нее. В 1987 году она умерла. Ниже приведен рассказ Мэри о том, каков был ответ на молитвы матери.

Когда мне исполнилось шесть недель, меня удочерили. Служители «Католического общества усыновления детей» отдали меня прекрасным людям. Мой приемный отец был английским дипломатом, мать – американкой. Моя мама была католичка, и я искренне верю, что именно благодаря ее молитвам я сейчас здесь. Знаю, что она молилась за меня ежедневно. Я росла в Южной Америке, но в возрасте 10 лет меня отправили в женскую школу-интернат при монастыре в Англии. Было очень трудно, так как я по характеру очень независима. Это заведение не походило на обычную школу, где после уроков ты можешь прийти домой и рассказать маме о своих проблемах. Там приходилось во всех проблемах разбираться самой. С папой и мамой я иногда не виделась в течение четырех месяцев подряд.

Когда мне исполнилось семнадцать, я сдавала экзамен на уровень «А»*. Одним из предметов было богословие, но я не читала Новый Завет и поэтому провалила экзамен. Бог стучался ко мне, но я полностью игнорировала Его, потому что не понимала. Никто не объяснил мне, кто такой Бог.

По окончании школы сразу уехала в Лондон. Там оказалась в большой компании и – запуталась. Я ходила на все вечеринки и однажды попробовала нечто, называющееся «смэк». Тот, кто предложил мне это, сказал: «Понюхай-ка. Потрясающая штука». Так я начала нюхать этот порошок и чувствовала себя прекрасно. Помню разговор со своей подругой. Я говорила ей: «Ты должна это попробовать. Это так здорово», на что она ответила: «Мэри, «смэк» – героин». Конечно, если кто-то предложил бы мне шприц и сказал: «Попробуй», я бы ответила: «Катись ты!», потому что считал тех, кто «колется», конченными людьми. Однако сама я продолжала нюхать героин, считая его безвредным порошком, поднимающим настроение, и не понимала, почему из-за него столько шума.

Тем не менее скоро это мое увлечение превратилось в «погоню за драконом», которая стала главной целью жизни. Следующие шесть или семь лет я провела, погрузившись в обман, ложь, мошенничество, занятия проституцией... в общем, в сплошное извращение. Мои друзья занимались тем же. Сначала я покупала дозу у друзей. Но позднее познакомилась с дилером. Я все еще думала, что со мной все в порядке. В то время я работала секретарем и могла сказать: «Все мои друзья, которые считаются отбросами общества – безработные, я же не настолько плоха, потому что у меня есть работа». Одну дозу я принимала, вставая утром, другую – во время обеда и еще одну – вечером.

---

* A – Level (Advanced Level) – экзамен по программе средней школы повышенного уровня (прим. перев.).

Думаю, мой брат, который учился в медицинском, начал кое-что подозревать, но я убеждала саму себя, что веду нормальный образ жизни. Мама и папа находились за границей, поэтому многого не знали. Я не навещала их из-за отсутствия денег. Изредка они оплачивали мою поездку домой, но там я чувствовала себя совершенно больной, потому что прекращала принимать наркотики. Моя мама думала, что у меня ревматическая лихорадка, потому что у меня все болело, и я все время дрожала. Каждый раз, когда это случалось, я говорила себе, что больше никогда не дотронусь до порошка. Но как только выходила из самолета в Лондоне, все «возвращалось на круги своя».

Я все больше и больше лгала, воровала чеки и вещи. В конце концов меня поймали с поличным. Мое первое судебное дело очень повредило карьере отца, который на суде выступил в мою защиту. К несчастью, пресса за это ухватилась, потому что, хоть я и была никем, но папа являлся послом. Сердца моих родителей были разбиты. В произошедшем они винили себя, хотя были ни при чем. Я же обычно говорила: «Со мной все будет в порядке, мама». Но как только они уезжали, принималась за старое.

В итоге за воровство меня посадили в тюрьму Холовэй. (Дилеры приобретали украденные чековые книжки и кредитки, а потом говорили мне идти и купить на них то, что они скажут. Я, изображая себя владельцем чековых книжек, все это покупала. И еще я ходила в банк и обналичивала украденные чеки, после чего деньги приносила дилерам. Взамен они давали мне наркотики.)

Никогда за всю свою жизнь я не испытывала такого ужаса. Мне не верилось, что это случилось со мной. Очень тяжело вспоминать об этом периоде. Могу сказать только одно: я очень рада, что он длился недолго

– всего шесть или восемь недель.

Выпустили меня при условии, что на год я отправлюсь в клинику. Родители взяли меня на поруки. Мама спросила у директора больницы: «Где ближайший католический священник или церковь? Я хочу, чтобы им стало известно, что Мэри здесь». Директор ответил: «Послушайте, леди. Она здесь, чтобы «слезть» с героина. Религия? Забудьте об этом». Я запомнила мамины слова: «Когда же вы поумнеете? Неужели вы ни разу не задумывались о том, что если Бог будет здесь, Он будет отвечать на молитвы тех, кто молится?» Мама не переставая молилась за меня.

Родители вернулись в Канаду, где жили в то время, а я провела год в клинике. Шел 1983 год. В больнице мы постоянно подвергались унижениям. Ты начинаешь впадать в отчаяние, терпя жестокие муки от других людей, но у них есть свои причины так поступать. Однажды я попыталась убежать, а в результате была одета в смирительную рубашку, и никто в больнице не разговаривал со мной. В клинике находилось около шестидесяти человек. Мое место за обеденным столом опрокидывали, заставляли чистить бассейн с помощью чайной чашки и зубной щеткой. Каким образом благодаря этому можно было бросить наркотики?

Годом раньше у моей мамы обнаружили рак. Пережитые стрессы и душевные травмы приближали ее жизнь к концу. Я знала, как тяжело было моей семье, но не могла облегчить их страдания. Как только я вышла из больницы – снова «подсела» на героин, потому что мой разум не был исцелен, ведь в клинике я была не по своей воле. Пока вы сами не решите, чего хотите, ничего не изменится. Как бы то ни было, мне удалось встать на ноги и найти хорошую работу, связанную с частыми поездками. Наиболее потрясающей была работа в Ванкувере. Но моя мама умирала, и это означало, что я должна была поехать жить к ней. Не раздумывая, я оставила работу, и постепенно начала чувствовать себя вполне нормальным человеком.

Я находилась с мамой, когда в 1987 году она умерла. Мама была очень спокойной, когда покинула этот мир. У нее была удивительная вера. Умирая, она сказала мне, что я никогда не буду счастлива без веры. Она умоляла меня пойти в церковь, католическую церковь, но я думала, что она была уже не в себе и бредила в своем кресле-качалке. Вернувшись в Англию, я получила хорошую работу, но что-то было не в порядке. У меня были потрясающие взаимоотношения с мужчинами, но чего-то все равно не хватало. Моя давняя подруга Дафни Стюарт-Клак уже три или четыре года как «ударилась в веру». Все это время она приглашала меня в церковь, но я говорила: «Дафни... забудь об этом!» Хотя перемены в ней меня потрясали, я продолжала твердить: «Это не для меня».

Однажды я позвонила Дафни в девять часов утра, перед тем как идти на работу. Ночь накануне я провела в компании абсолютно пьяных людей, и это было ужасно. Я почувствовала, что ступила на старую тропу. Я понимала, что несчастна, и в слезах позвонила Дафни. Она тут же приехала и сказала: «Мэри, давай помолимся». Во время молитвы я сильно плакала и была в таком состоянии, что пошла бы куда угодно. Дафни сказала: «А почему бы тебе не пройти *Альфа* курс?»

Мне не понравилось в той церкви, куда она меня отправила, и я высказала Дафни все, что думаю о ее *Альфа* курсе. Тогда она пригласила меня в другую церковь, где сама должна была быть помощником на очередном курсе. Я сомневалась, стоит ли приходить, но она сказала: «Пожалуйста, давай попробуем». Это был *Альфа* курс в церкви Святой Троицы, запланированный на апрель или май 1993 года.

Я пришла на *Альфу*, и когда все начали петь, очень разволновалась. Я видела такую теплоту и искренность между людьми, каких раньше не встречала. Эти люди действительно были заботливы. Я слушала их, и все встало на свои места. Марк и Тэмсин Картер, которые были лидерами моей группы, на сегодня являются моими самыми близкими друзьями. Когда мы собрались на первой группе, Марк спросил: «За какие нужды вы хотели бы помолиться? Давайте сейчас все вместе помолимся, и за время курса понаблюдаем, каков будет ответ». Возможно, я поступила немного эгоистично, но мне нужно было нечто конкретное, поэтому попросила помолиться о том, чтобы в галерее, где я работала, лучше продавались скульптуры. В то время продажи были практически нулевыми. Марк сказал: «Прекрасно, что-нибудь еще?» И я добавила, зная о том, что немного ветрена: «Помолитесь, чтобы я вернулась к вам на следующей неделе».

На следующей неделе у меня купили скульптуру стоимостью восемьдесят пять тысяч фунтов стерлингов. Тогда я подумала, что это совпадение. Тем не менее, вернулась на *Альфа* курс, так как чувствовала, что должна рассказать о том, что произошло.

В итоге я стала посещать *Альфу* каждую неделю, а потом наступило время уик-энда, где должны были говорить о Святом Духе. Я вовсе не была уверена в том, что хочу провести весь уик-энд в компании христиан. Но он оказался совершенно чудесным. Как только начали читать тему, слезы ручьем потекли из моих глаз, меня просто трясло от рыданий. Переживание было сильнейшим, но я не испугалась. Его нельзя сравнить ни с чем, что я испытывала до этого. Раньше я так часто врала, что не ждала правды от других. Но здесь все было по-другому и так прекрасно! Не было никаких сомнений, что Бог начал работу в моей жизни.

В воскресенье утром Джеймс Оджерс, который был лидером на время уик-энда, попросил Духа Святого прийти, после чего обратился к нам: «Если вы хотите попросить Иисуса Христа прийти в вашу жизнь, произнесите эту молитву». И коротко помолился. Я повторила за ним, повторила от всего сердца. Я попросила Бога войти в мою жизнь, изменить меня. И Он пришел, но я чувствовала себя недостойной. Это продолжалось до тех пор, пока однажды на воскресной службе я вдруг не почувствовала, что прощена. Люди видели мое лицо, залитое слезами, но это не имело значения, потому что я знала, что здесь, среди этих людей, я в безопасности и могу не скрывать слез. Я чувствовала, что совершенно чиста, и Бог дает мне самый потрясающий знак Своей любви.

Недавно я переехала в квартиру в Северном Кенсингтоне. Как-то по дороге домой увидела женщину, уронившую свои покупки. Я помогла подобрать их и, подняв глаза, увидела надпись «Католическое общество усыновления детей». Я позвонила своему отцу и спросила: «Отец, ты взял меня из «Католического общества усыновления детей», что на площади святого Чарльза?» Он сказал: «Да, верно». После этого я ходила кругами и думала: «Бог действительно очищает и избавляет от старых долгов. Он привел меня к началу моей жизни». Я почувствовала, что Бог говорит: «Немногим более тридцати лет назад здесь началась твоя жизнь. Ты пошла по неверной дороге, и сейчас Я возвращаю тебя к началу пути». Он вернул меня на исходную точку, и теперь я выбрала другую дорогу – отдала Ему свою жизнь. В Библии написано, что Бог воздаст за те годы, что пожрала саранча, и это правда.

Было несколько человек, которым я принесла немало боли и страданий и уже ничего не смогу исправить: одна из таких людей – моя мама. Но я уверена, что сейчас на небесах она прыгает от радости. И это согревает мою душу. Раньше я никогда не плакала, но придя в церковь, плакала много. Это место, где всегда кто-то есть. Даже если я сижу дома одна и плачу, я знаю, что больше не одинока, потому что Бог со мною рядом. Это так утешает. Помню время, когда на моем прикроватном столике всегда лежал героин. Я не ложилась спать, не приняв дозу, и утром это было первое, чего касалась моя рука. Сейчас место героина заняла Библия, и к ней я испытываю большую тягу, чем когда-то к героину. Действительно, моя страсть к наркотику была заменена намного большей страстью к Иисусу Христу.

7

Пасторская опека

Первыми словами, с которыми Иисус обратился к Петру (в Евангелии от Марка), были: «Идите за Мною, и Я сделаю, что вы будете ловцами человеков» (Марка 1:17). В последнем разговоре с Петром (Евангелие от Иоанна) Иисус повторил: «Иди за Мною» (Иоанна 21:19) и призвал его кормить овец и ягнят, заботиться о них. Итак, в первую очередь нам нужно развивать свои отношения со Христом. Во вторую – отношения с людьми.

В этом последнем записанном разговоре с Иисусом Петр три раза говорит Иисусу, что любит Его. Всякий раз в ответ Иисус заповедует Петру заботиться о других людях. Если мы любим Иисуса, то сделаем это первостепенной обязанностью своей жизни. В самом деле, поступая так, мы будем подражать примеру Христа. Он был полон сострадания к людям и однажды сравнил свое стремление заботиться о других с птицей, собирающей птенцов под своими крыльями (см. Луки 13:34).

Царь Давид на своем опыте убедился, что такое пасторская опека, и как пастух, присматривающий за овцами, и как пастырь Божьих людей. Псалмопевец говорит о Давиде, что он «...пас их в чистоте сердца своего, и руками мудрыми водил их» (Псалом 77:72). Пасторская опека задействует наши сердца и руки. Наши сердца должны быть чистыми; наша любовь к людям и наша дружба с ними должны быть искренними. Не может быть никакого притворства. Эта любовь должна сочетаться с «мудрыми руками»*. Этому можно научиться. Очевидно, что в короткой главе мы не сможем рассмотреть все необходимые в пасторской опеке навыки, но на основных принципах мне хотелось бы остановиться.

Апостол Павел писал: «(Иисуса), Которого мы проповедуем, вразумляя всякого человека и научая всякой премудрости, чтобы представить всякого человека совершенным во Христе Иисусе; для чего я и тружусь и подвизаюсь силою Его, действующею во мне могущественно» (Колоссянам 1:28-29).

Цели

У Павла была цель «представить всякого человека совершенным во Христе Иисусе» (стих 28). В некоторых переводах вместо слова «совершенный» употреблено «зрелый». Мы вряд ли станем совершенными в этой жизни, но зрелости-то уж наверняка можем достигнуть. Из этого стиха можно вывести три важнейших аспекта пасторской опеки.

Во-первых, Павел заботится о каждом. Хороший пастор не захочет потерять ни одной из своих овец. Целью *Альфа* курса является забота о каждом человеке персонально. Именно поэтому во всех группах есть два лидера и два помощника. По идее лидер и помощник должны заботиться о каждом члене своей группы. Такая система не просто очень удобна, благодаря ей никто не останется без внимания и молитвы.

Эта система опеки «один на один» является, пожа-

* В английском варианте «способными, умелыми» (прим. перев.).

луй, самым основным «козырем» *Альфа* курса. Лично я очень многим обязан человеку, который помог мне в моей ранней христианской жизни. Ради того, чтобы отвечать на мои вопросы, объяснять основы христианской веры, давать советы и поддерживать со мной дружеские отношения, он жертвовал своим временем. Мне всегда нравилось быть с ним. Наши встречи, во время которых закладывались основы моей христианской жизни, были самым приятным событием недели.

Подобная опека и нужна людям. Проповедь и учение похожи на расплескивание воды над пустыми банками в попытке наполнить их одновременно, в то время как пасторская опека «один на один» – это наполнение каждого сосуда в отдельности. И это не только наиболее эффективный метод, но и та форма христианского служения, в которой каждый может принять участие, так как она не требует особых ораторских или лидерских способностей.

Хуан Карлос Ортиз рассказал мне об одной пожилой женщине, которую он встретил в родной Аргентине. Она познакомила его с праправнучкой, а затем поведала историю о своих шести детях и тридцати шести внуках. В такой огромной семье было немало хорошо образованных людей и профессионалов. Ортиз спросил ее: «Как Вам удалось вырастить так много образованных, хорошо накормленных, обутых и одетых людей?» Она ответила: «Это не моя заслуга. Я просто хорошо позаботилась о своих шестерых, а они, в свою очередь, каждый о своих».

Проповедники могут переоценивать объем истины, усваиваемый теми, кто сидит на церковных скамьях. Билл Хибелс и Дон Казинс, лидеры семнадцатитысячной церкви «Виллоу Крик» недалеко от Чикаго, пришли к выводу, что проповеди принадлежит далеко не первая роль в продвижении членов паствы по христианскому пути. Хибелс утверждает, что каждым важным шагом или решением, принятым им, он более обязан тому, кто был от него на расстоянии трех шагов, а не тысячной толпы. От разговора об истине больше пользы в узком кругу – понимание этого стало ключом к его собственному росту.

Во-вторых, цель пасторской опеки «один на один» – духовная зрелость. Конечно, за один вечер или даже в течение десятинедельного курса прийти к действительной зрелости нельзя. Цель лидеров и помощников – помогать людям на ранней стадии, затем ввести их в группу, жизнь которой неотделима от жизни церкви, где они впоследствии могут продолжать расти и развиваться.

Именно для этой цели и предназначены малые группы *Альфа* курса. В идеале лидеры и помощники малой группы должны быть из одной домашней группы, и хотя бы один из лидеров или помощников должен (по прошествии курса) привести участников малой группы в свою домашнюю группу, представить их и помочь влиться в новый коллектив.

В-третьих, целью Павла является зрелость во Христе. Мы хотим, чтобы люди прилеплялись не к нам, а к Христу. Сначала родителям приходится кормить своих детей, но они стараются как можно скорее приучить детей к самостоятельности. Мы должны избегать всякой нездоровой зависимости от нас и помогать людям становиться зависимыми от Христа.

Наша цель заключается в том, чтобы всякий человек, приходящий на *Альфа* курс, достиг зрелости во Христе. В реальности, конечно, определенное число людей уходит, о чем мы говорили в пятой главе. Но, как в притче о сеятеле, те, у которых семя упало в добрую почву, «слушают слово и принимают, и приносят плод, один в тридцать, другой в шестьдесят, иной во сто крат» (Марка 4:20).

Метод

Методом Павла была проповедь Христа. Он писал: «Мы проповедуем Его, вразумляя всякого человека и научая всякой премудрости» (см. Колоссянам 1:28). Иисус Христос – вот ключ к духовной зрелости. Мы растем в своей зрелости по мере того, как растет наше знание Его и близость наших отношений с Ним.

Многие из тех, кто приходит на *Альфа* курс, еще не христиане. Суть в том, чтобы привести их ко Христу. Они могут отдать Ему свою жизнь во время встреч курса или самостоятельно. Но каждый лидер или помощник должен знать, как подготовить человека к взаимоотношениям со Христом. «Почему Иисус?» – брошюра, которая может помочь в этом. Лично я пользуюсь ею, когда объясняю тем, кто еще не стал христианином, что такое вера во Христа. Затем я предлагаю им прочитать молитву, приведенную в конце брошюры. Иногда они хотят сделать это самостоятельно, но гораздо чаще предпочитают помолиться с кем-то вслух.

Тех, кто пришел ко Христу, важно вдохновлять возрастать в этих отношениях. Ключи к этому – чтение Библии и молитва. Мы должны помогать новообращенным в чтении Библии и советовать, как самостоятельно молиться. Мы можем давать практические рекомендации, например, какой перевод Библии подошел бы им лучше всего. Затем направлять их к использованию подходящих материалов по изучению Писания. Нужно объяснить, что хотя христианская жизнь не заключается лишь в чтении Библии, именно посредством Писания наши отношения с Иисусом Христом могут быть воплощены в жизнь (см. Иоанна 5:39-40).

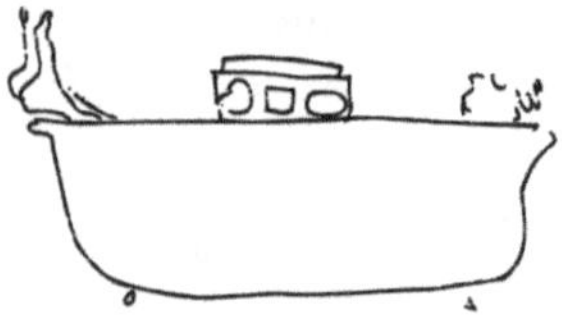

Наряду с Библией могут быть очень полезны христианские книги. Мы предлагаем людям хорошо сбалансированную «диету» из доктринальной, биографической и обучающей благочестию литературы. Некоторые не питают большой любви к чтению и предпочитают слушать аудиокассеты по темам *Альфа* курса и другим вопросам. Мы заметили, что многие получают удовольствие, слушая аудиокассеты в машине или занимаясь домашними делами, и это укрепляет их веру.

Чтобы достичь зрелости во Христе, людям необходимо поддерживать отношения внутри Тела Христова. Идеальным местом для возникновения дружбы может стать малая группа. С каждым собранием эти отношения развиваются совершенно естественно. Мы как лидеры должны поддерживать этот процесс, являясь катализатором дискуссии на раннем этапе, когда люди еще плохо знают друг друга. Впоследствии, если эти люди начинают посещать церковные собрания, существенную помощь могли бы оказать члены малой группы, договариваясь о том, чтобы люди из одной группы встречались и садились вместе во время службы. А если кто-то из них живет рядом, можно договариваться подвозить друг друга; это будет способствовать тому, чтобы и тот, кто подвозит, и тот, кого подвозят, посещали собрания регулярно.

Позиция

Помогая людям, проходящим *Альфа* курс, обрести зрелость во Христе, мы выделили три очень важных принципа.

Быть вдохновителем

Павла на раннем этапе его христианской жизни поддерживал Варнава. В свою очередь, Павел стал большой поддержкой для других (см. Деяния 16:40; 20:1-2). Он писал, призывая христиан: «...Увещавайте друг друга и назидайте один другого» (1 Фессалоникийцам 5:11). В этом мире много негативной критики, которая зачастую ведет к появлению чувства незащищенности и неуверенности в себе. В такой атмосфере человек внутренне съеживается, а в атмосфере любви и ободрения – расцветает. Нам необходимо излучать теплоту и быть отзывчивыми как с теми, кто все еще ищет истину, так и с новообращенными христианами.

Быть слушателем

Иаков пишет: «...Всякий человек да будет скор на слышание, медлен на слова...» (Иакова 1:19). В этом заключается основная задача команды – приглашать людей и слушать их. Наш интерес к этим людям должен быть искренним, нужно максимально поощрять их рассказывать о себе. В том случае, если кто-то из гостей высказывает соображения, противоречащие христианской вере, нам не следует торопиться исправлять его. Сначала необходимо выслушать, постараться понять человека, то есть показать свое уважение к нему, даже если мы совершенно не согласны с его точкой зрения. Если он будут заинтригован нашим молчанием настолько, что спросит, что мы думаем по этому поводу, то и слушать нас будет с куда большим интересом.

Быть миротворцем

Иисус сказал: «Блаженны миротворцы...» (Матфея 5:9). Очень важно, чтобы команда состояла из воспитанных людей, которые могут проявлять милосердие, умеют избегать споров. В споре человека невозможно

"...А я считаю, что любовь спасёт мир..."

переубедить, особенно если дебаты ведутся на глазах у остальных членов группы. В этом случае люди склонны замыкаться в себе, и позже им будет труднее сдать свои позиции, даже если они этого захотят.

Можно выиграть спор, но потерять человека. Если лидер чувствует, что назревает дискуссия, ему следует смягчить разногласия и снять напряжение, дипломатично исследовав причины расхождения во мнениях. Обычно доля правды присутствует в суждениях как той, так и другой стороны. Поэтому лидер может сказать: «В доводах каждого из вас что-то есть. Фред прав, говоря..., а Джордж прав, утверждая...». Тогда оба, и Фред, и Джордж, почувствуют, что их понимают и поддерживают, и инцидент будет исчерпан. Безусловно, истина важна, но ее нужно говорить с любовью. Мы должны быть осторожными, дабы не использовать «выявление правды» как предлог для личностных конфликтов, вымещения злобы или злоупотребления властью.

Посвящение

Павел говорит: «Для чего я и тружусь и подвизаюсь силою Его, действующею во мне могущественно» (Колоссянам 1:29). В пасторской опеке Павла прослеживается четкий баланс между Божьей милостью и его собственной ответственностью. В нашей опеке должен быть тот же баланс. В эффективном христианском служении есть место и для «изнурительного труда» и для «приложения усилий».

Тот, кто стал членом команды служения, должен быть готов к тяжелой работе. Это требует серьезного посвящения. Гости вряд ли продемонстрируют больше посвящения, чем они видят в лидерах и помощниках их группы. Если члены команды служения нерегулярно посещают собрания, то и гости скорее всего не будут отличаться постоянством. Я прошу лидеров взять за правило не планировать ничего на вечера тренировочного курса, на 10 вечеров в среду во время самого курса, а также на время праздничного ужина и уик-энд. Вне всякого сомнения, станут появляться непредвиденные обстоятельства, когда люди будут не в состоянии прийти по причине работы, болезни или отъезда. Но я прошу их придавать участию в курсе как минимум то же значение, что и своей работе.

Здесь необходимо самое серьезное посвящение, так как иногда придется прилагать усилия, чтобы добраться до места встречи и общаться с людьми до позднего вечера. А заставить себя заговорить с новыми людьми вместо беседы со старыми друзьями еще труднее. Я советую людям молиться и готовиться заранее, чтобы на месте они могли сконцентрироваться на гостях, с которыми предстоит провести весь вечер.

Самое важное то, что помощь на *Альфа* курсе включает в себя посвящение в молитве. Мы просим команду приходить на молитвенные собрания каждую среду в 18.15, если они могут освободиться от работы к этому времени. Мы также призываем их к регулярной молитве за все аспекты *Альфа* курса (поклонение, консультации, служение и административные дела) и, по мере возможности, к ежедневной молитве за каждого члена группы.

Другая сторона нашей ответственности – Божья милость. Мы «трудимся» и «подвизаемся» не своими собственными силами, но «силою Его, действующею... могущественно» в нас (Колоссянам 1:29). Мы нуждаемся в Его помощи и силе для выполнения любого задания. Когда ученики избирали людей, которые заботились бы о столах, их выбор пал на «исполненных Святым Духом и мудрости» (Деяния 6:3).

Я призываю каждого члена команды всегда быть готовым получить что-то от Господа как во время молитвы до собрания, так и во время поклонения и чтения темы. Даже прослушав какую-либо тему много раз, они могут молиться о том, чтобы Господь показал им нечто новое, что имеет отношение лично к ним. Каждый раз я призываю людей молиться за то, чтобы Бог наполнил их Своим Святым Духом и наделил всеми необходимыми дарами: талантом евангелиста, учительством, пасторством, пророчеством (в смысле способности слышать, что говорит Господь в особой ситуации, и передавать это другим).

Именно пасторская опека «один на один» – это, может быть, самое интересное из всего, что происходит на *Альфа* курсе. Члены команды часто рассказывают мне захватывающие истории о том, что происходило с тем или иным человеком во время курса. Изменилась не только его жизнь. Это было большим благословением и для того, кто поддерживал его (ее). Нет больше радости, чем та, которую испытываешь, приводя кого-либо ко Христу, а затем видя, как этот человек начинает расти в вере.

Евангелист, живший в XIX веке, Р. А. Торрей, отметил без тени сомнения, что если члены поместной церкви упражняются в пасторской опеке, которая является одновременно и ответственностью и привилегией, то каждый член церкви действует в силе Святого Духа. Значит «великое пробуждение уже не за горами и вскоре придет в ту местность, в которой расположена эта церковь. Такая работа не стяжает славы человеческой, но зато в глазах Божьих она великая».

История Ли Дакета

8

Ли Дакет

Когда инженер компании «Меркюри Телекомьюникэйшн» Ли Дакет однажды утром пришел по служебным делам в церковь Святой Троицы в Бромптоне, он не подозревал, что этот визит изменит всю его жизнь. После долгих лет депрессии он попросил, чтобы Бог открылся ему – и Бог сделал это. Здесь Ли рассказывает, что же произошло.

Кое-что о христианстве я узнал в начальной школе. Раз в неделю у нас ставились мини-спектакли по мотивам историй Ветхого и Нового Завета с участием детей. Но где-то с 18 лет я начал читать научную фантастику, которая сильно на меня повлияла. Я читал много книг о всякого рода магии, разных богах, истории о короле Артуре, а также множество материалов об оккультизме и литературу движения «Новый век». Я считал себя атеистом, но многобожие мне нравилось, я любил скандинавский эпос и легенды и мифы Древней Греции.

После разрыва со своей первой девушкой я стал практиковать оккультизм. Мы встречались с ней несколько лет, были обручены, уже купили квартиру и жили два года вместе. В результате разрыва мое сердце было разбито, но по экономическим причинам мы вынуждены были жить в одной квартире еще шесть месяцев. Мы периодически встречались в перерывах между ее свиданиями с другими парнями. Это продолжалось полтора года. Затем она предложила возобновить отношения, и около месяца мы опять жили вместе. Но спустя какое-то время она объявила мне, что собирается выйти замуж за другого.

У меня начиналась депрессия. Я пытался забыть ее и искал, на что бы отвлечься. Попытался заняться магией, но, несколько раз хорошенько испугавшись, перестал. Депрессия становилась все сильнее. Я не выносил ничьего общества и подумывал о самоубийстве. Гипноз и психоанализ, которые тоже были тяжелым опытом, приносили облегчение не более чем на месяц, а затем депрессия снова брала свое.

Пару раз я переживал нечто очень странное, побуждающее меня к молитве. Однажды в ванной я заплакал и почему-то сказал, что верю, что Бог реален, но добавил: «Если Ты есть, дай мне знать».

Через пару недель по служебным делам я попал в церковь Святой Троицы в Бромптоне. Пришел туда примерно в 9.30, чтобы выполнить привычную для себя работу (подсоединить новую мини-АТС от фирмы «Меркюри») Затем разговорился с девушкой по имени Перри, которая работала на ресепшене. Я подумывал купить Библию, просто чтобы почитать ее на досуге как сборник историй. Перри порекомендовала один из современных переводов, а потом сказала: «Мы проводим *Альфа* курс. Если хотите, можете прийти». Я не собирался, но мы так хорошо разговорились и, опять же, она была так мила, что я спросил: «А вы ходите в церковь?» «Да – ответила она, – я христианка и мои друзья тоже. Мы ходим в церковь, здесь очень весело». Тогда я не очень понял, что она имела в виду. Что может быть веселого в том, чтобы ходить в церковь? Она опять спросила, не хочу ли я пройти этот курс, и я согласился.

Я инженер и всегда сначала предпочитаю получать инструкции, чтобы знать, что делаю. Люблю, чтобы все было последовательно. Анализируя рассказ Перри об этом курсе, я подумал: «По крайней мере, там все будут объяснять и чему-то учить». Мне нравится приобретать новые знания. Конечно, можно пытаться постигнуть все самому, но гораздо проще, если кто-то будет тебя учить.

Перри записала меня на сентябрьский курс и подарила брошюру «Почему Иисус?». Прочитав ее, я произнес молитву, напечатанную в конце, но ничего особенного не почувствовал.

Я очень ждал начала курса и даже приехал на полчаса раньше. Сидя в припаркованной машине, я видел толпы людей, идущих в церковь. «Для свадьбы поздновато, – подумал я. – Куда же они все идут?» Мне казалось, что там будет не больше тридцати человек, но когда вошел – увидел триста как минимум. И все они выглядели совершенно нормальными. А я ожидал встретить странных людей, в странных одеждах, говорящих странным языком. Например, людей в куртках с капюшоном или в очках старомодного фасона или коллекционеров марок. Вместо этого, к своему изумлению, я обнаружил здесь много прилично одетых молодых людей и привлекательных женщин!

Лидерами моей группы были супруги Эшли и Сибс Мини, и я удивлялся тому, какой покой и мир исходил от Эшли. Я смотрел на Эшли и думал: «У него есть то, чего нет у меня. У него есть то, что я тоже хочу получить». Когда все начали петь, мне это сильно напомнило школу и, честно говоря, смутило. Но тема понравилась, и обсуждение после нее – тоже. Домой вернулся в прекрасном настроении.

На следующее утро я проснулся и принялся за утренний туалет. Взглянул в зеркало и увидел, как губы сами собой расплываются в улыбке. Я засмеялся. Я скакал по дому и смеялся, сам не зная чему. Вдруг я почувствовал себя счастливым. В первый раз за три года я улыбался, по-настоящему, так что и глаза мои улыбались. А ведь раньше в разговоре с клиентами я был способен лишь скалить зубы, но не улыбаться, потому что взгляд оставался окаменелым. Но в этот раз смеялись и мои глаза.

В ту субботу я купил современный перевод Библии и начал читать с Матфея, параллельно изучая книгу Никки Круза «Беги, малыш, беги». После второй *Альфа* встречи Эшли пригласил меня на церковное служение, и я был польщен этим приглашением. В воскресенье рассказал ему о себе и своей депрессии. Как раз о депрессии говорил в этот вечер и проповедник с кафедры. Когда пригласили тех, кто хотел, чтобы за него помолились, я встал. За меня молились Эшли и его отец, Бэз. Почувствовав, как от их рук начало исходить тепло, я вдруг разрыдался, а затем ощутил, как это тепло стало подниматься по телу от ступней, пронизывая меня и унося депрессию.

Всю следующую неделю я, считая себя христианином, старался рассказать об этом кому-нибудь из своих друзей или родственников, но делал это в такой манере, как будто мне нужно было защищаться. На протяжении следующих нескольких недель я стал чувствовать себя более раскрепощенным, перед тем как ложиться спать, читал Библию, знакомился с христианской литературой, а по воскресеньям посещал церковь. Однажды ночью, находясь в постели и только что прочитав отрывок из Библии, я начал молиться о том, чтобы Бог крестил меня Святым Духом. Я молился уже около десяти минут, когда почувствовал, что за меня будто бы происходит борьба. Совершенно неожиданно я подумал: «Даже если я пойду долиной смертной тени, не убоюсь зла». И продолжал повторять это про себя снова и снова. Признаться, было довольно страшно. Я взял Библию и открыл ее. Там, как всегда, нашлось для меня уверение в Божьей любви и защите.

Следующей ночью я чувствовал себя очень неуютно и плохо спал. Утром позвонил Эшли и рассказал ему о том, что со мной случилось. Он ответил, что давно удивляется, почему враг до сих пор не дает о себе знать. Эшли посоветовал мне избавиться от всех книг и картин, связанных с оккультизмом и читать Псалом 22 и шестую главу Послания к Ефесянам. После того как я выбросил картины и книги, в комнате стало спокойнее. В эту среду на *Альфа* курсе говорили о том, что такое зло и как ему противостоять. Никогда еще я не чувствовал себя в церкви так неуютно. Мне хотелось убежать. Я злился, меня даже тошнило. Ужасно хотелось немедленно уйти, но я остался.

Затем подошло время уик-энда, который оказался просто невероятным. Казалось, мы не только становимся ближе друг к другу в группе, но и приближаемся к Духу Божьему. Никки молился о том, чтобы Дух Святой пришел и наполнил нас, а мы стояли рядом с ним. «Он сейчас здесь и производит Свое действие», – сказал Никки. Я почувствовал дуновение слева, через две минуты мои ноги стали сгибаться сами собой, и я прямотаки свалился на свой стул. Я получил дар говорения на языках и к концу уик-энда был наполнен радостью и любовью ко всем.

В этот же вечер мы поехали на церковное собрание, и я сидел в одном из первых рядов. В течение всего служения я чувствовал присутствие Святого Духа. После проповеди мы начали петь, и Божье присутствие стало так ощутимо, что я заплакал. Санди (Миллар, викарий церкви Святой Троицы) пригласил выйти вперед тех, кто хочет, чтобы помолились об их исцелении, и я вышел. Молиться попросили тех, кто только что приехал с уик-энда. Несколько человек подошли ко мне. Я ясно чувствовал, как Дух Божий прикоснулся к моим ногам и «прочистил» все мое тело насквозь. Затем я ощутил совершенно невероятную радость и засмеялся, сам не зная отчего. После молитвы я был как будто заново рожденным. Возвращаясь домой на машине, я всю дорогу молился на языках, а ночью спал как младенец.

В понедельник утром, будучи очень взволнован, я обзвонил всех своих друзей и рассказал им о уик-энде и о том, что я стал христианином. На сей раз ничто не побуждало меня защищаться. Моя жизнь совершенно изменилась. Теперь я смотрел на мир другими глазами. Я любил всех, а внутри был такой мир, о котором раньше и мечтать не мог. Когда я с кем-то встречался, первое, что мне хотелось сделать – рассказать ему об Иисусе. Если я слышал об ирландских террористах, то, хотя не мог думать о них иначе, как об «отбросах общества», в девяти случаях из десяти жалел их, рассуждая так: «Если бы они только знали Иисуса так, как я учусь Его знать!» Я читаю много христианских книг и много молюсь, пока еду в машине.

Позже моя мама пришла на *Альфа* ужин. На Рождество она подарила мне крест и цепочку, о которых я никогда не просил. Я был тронут, потому что таким образом мама продемонстрировала, что понимает, насколько это для меня важно. Мои родители очень довольны, вся семья довольна. Они немножко посмеиваются над затеей с *Альфа* курсом, точнее говоря, не воспринимают его всерьез. Но я продолжаю приглашать их. Каждый день я чувствую присутствие Святого Духа. Конечно, еще много вопросов, на которые я не получил ответа, но уже то, что я знаю Бога – вполне достаточно.

9

Как вести малые группы

Джон, тридцатилетний менеджер телевизионной компании, пришел на *Альфа* ужин, организованный по окончании курса, вместе со своей женой Таней. Таня решила, что ей обязательно нужно пройти следующий курс, но Джон согласился присоединиться к ней с большой неохотой. Он мало принимал участие в обсуждениях дискуссионных групп, а если и высказывал, то в основном негативные замечания. Во время уик-энда он вышел посреди одного из собраний и сказал жене, что они оба должны уехать. Она совсем недавно, во время этого уик-энда, стала христианкой, и потому была очень расстроена. Тем не менее, она согласилась уехать вместе с ним. По дороге домой он заявил, что намерен прекратить посещать *Альфа* курс. Я не присутствовал на этом *Альфа* уик-энде, и о решении Джона Таня рассказала мне в воскресенье. Поэтому в следующую среду я был сильно удивлен, увидев его в дверях. Позже, во время дискуссионной группы, все по очереди рассказывали о том, что пережили во время уик-энда. Когда очередь дошла до Джона, он рассказал обо всем, что с ним произошло. Естественно, я спросил его, почему он вернулся. Он просто ответил, взглянув на нашу группу: «Мне очень не хватает всех вас».

Именно благодаря общению в малой группе Джон

остался на *Альфа* курсе. Спустя некоторое время он отдал свою жизнь Иисусу Христу, и вместе с женой они стали посвященными членами церкви. Этот пример наглядно демонстрирует важность роли малых групп.

Общая цель малой группы, как и всего курса – помочь людям обрести личные взаимоотношения с Иисусом Христом. Сам Иисус сказал, что там, где двое или трое собираются вместе во имя Его, Он посреди них (см. Матфея 18:20). Мы убедились, что двенадцать человек (включая двух лидеров и двух помощников) – оптимальный размер группы. Думаю, Иисус не случайно выбрал Себе группу из двенадцати человек (см. Марка 3:13-19).

Шесть целей малой группы

1. Дискуссия

Группы собираются для того, чтобы обсудить тему и вопросы, которые в связи с ней возникают. Очень важно дать людям возможность откликнуться на то, что они только что услышали, задать интересующие их вопросы. Это особенно важно, если группа состоит в основном из людей, которые еще не являются христианами. Обычно такая группа не готова к изучению Библии. Когда мы только начали проводить *Альфа* курс, то приступали к изучению Библии буквально с первой недели занятий. Вскоре я понял, что это может привести к довольно заметному разочарованию.

Когда мы собрали анкеты по окончании курса, то прочитали замечания такого рода: «Мне нравилось в группе только тогда, когда нам давали возможность обсудить услышанную тему». Другой человек написал: «Лучше было бы иметь больше времени на обсуждение темы и больше свободы, чтобы, если необходимо, отойти от установленного плана изучения Библии».

Очень важны практические детали. Стулья нужно расставлять так, чтобы всем было удобно сидеть и всем было хорошо друг друга видно. Не стоит также пренебрегать хорошими освещением и вентиляцией. Каждый человек при желании должен иметь возможность обратиться к современному переводу Библии. Хороший лидер всегда заботится о том, чтобы закончить обсуждение в назначенное время. Мы стараемся начинать обсуждение в малых группах в 21.00 и заканчивать в 21.45. Я не советую лидерам отодвигать это время, даже если 21.45 придется на пик бурной дискуссии. Всегда можно сказать: «Давайте продолжим на следующей неделе» – для людей это будет стимулом прийти в следующий раз и продолжить дебаты. Если же обсуждение в группах будет затягиваться, люди могут не прийти в следующий раз, боясь опять вернуться домой слишком поздно.

Есть две причины, по которым очень часто срывается работа малых групп. Во-первых, из-за неэффективного руководства, когда лидер недостаточно подготовлен или допускает, чтобы все время высказывался только один человек. Во-вторых, если сам лидер чересчур доминирует, сам много говорит, не давая возможности другим участникам курса высказать свои мысли. Лидер должен быть достаточно гибким, чтобы при необходимости сменить тему обсуждения, но и достаточно уверенным, чтобы мягко прервать тех «выскочек», которые не дают высказаться остальным.

Задавайте простые вопросы. Если вы чувствуете, что группа не готова к изучению Библии, а дискуссия протекает отнюдь не легко и непринужденно, воспользуйтесь списком вопросов для обсуждения, приведенным в Приложении 1 Руководства для лидеров и помощников. Два основных вопроса таковы: «Что вы думаете?» и «Что вы чувствуете?»

Лидеры должны быть готовы «подкинуть» правильные ответы на вопросы, возникающие в ходе обсуждения в группе. Я обнаружил, что некоторые вопросы поднимаются снова и снова. Книга «Сложные вопросы» предлагает ответы на семь вопросов, возникающих в ходе *Альфа* курса наиболее часто. Я призываю лидеров ознакомиться с этим материалом, а также изучить подробно каждый обсуждаемый вопрос.

Хороший лидер всегда будет вдохновителем для других. С самого первого занятия он улыбается людям, проявляет интерес к тому, что они говорят. Даже если человек говорит что-то не совсем корректно, хороший лидер ответит на это фразой типа: «Что ж, интересно», или «Я никогда раньше не слышал этого», или «Это может значить, что...», и затем подключит остальных к обсуждению, чтобы попробовать прийти к правильному заключению.

2. Показать пример в изучении Библии

Вторая цель малой группы – научиться изучать Библию вместе и возрастать в познании Божьего Слова. Как уже упоминалось, лидер вдохновляет членов группы высказываться и противостоит «искушению» начать проповедовать.

Даже если по плану у вас изучение Библии, важно дать людям возможность задать вопросы, связанные с только что услышанной ими темой, и прежде всего разобраться именно с ними. Иначе участников постигнет разочарование, потому что серьезные вопросы, волнующие их душу и разум, останутся без ответа.

Если группа готова к изучению Библии, лидер должен тщательно подготовить место из Писания. Ему нужно внимательно прочитать место в различных переводах Библии и убедиться в том, что он сам понимает его. Надо постараться выявить все трудные для понимания стихи и посмотреть их объяснение в соответствующих справочных изданиях (для того, чтобы избежать пустой траты времени в группах).

Объясните, где в Библии находится место, которое вы собираетесь рассмотреть, укажите номер страницы, чтобы никому в группе не пришлось стесняться своей неосведомленности. Можно попросить каждого человека в группе прочитать по одному стиху (например, если вы рассматриваете один из псалмов); таким образом все будут вовлечены в изучение текста. Некоторые места Библии (например, притчу о блудном сыне) лучше прочитать целиком какому-то одному человеку. Есть люди, для которых чтение вслух – настоящее испытание, и нужно выбрать человека, который был бы в состоянии справиться с этим.

Полезно при изучении делать небольшое вступление. Например, перед тем, как читать историю о блудном сыне, можно сказать: «Очевидно, что отец в этой истории является прообразом Бога, а сын – нас с вами. Давайте посмотрим, какие уроки можно извлечь для себя из этой истории». Вступление должно быть довольно коротким, возможно, состоящим из одного предложения, выражающего основную мысль данного места Писания. Воспользовавшись случаем, можно объяснить все трудные места и слова, допускающие несколько толкований. Лидеры должны быть особенно внимательны к тому, чтобы избегать христианского жаргона, который сразу исключает из разговора нехристиан и людей, последовавших за Христом совсем недавно.

Далее, лидер должен вовлечь в разговор всех присутствующих. Нужно заранее тщательно проработать вопросы. Они должны быть короткими и простыми. Неясные, плохо сформулированные вопросы (например, «Какова разница между стихами 7 и 17?»), не смогут помочь вам начать обсуждение, так же как вопросы слишком простые (например, «Кто умер за нас?») либо слишком трудные. Хорошими являются те вопросы, на которые нельзя ответить «Да» или «Нет», которые побуждают начать дискуссию по ключевым стихам прочитанного места из Библии. Три основных вопроса, которые можно задать к любому месту Писания, таковы: «О чем здесь говорится?», «Что это значит?» и «Как это можно применить к нашей жизни?»

Цель состоит в том, чтобы вовлечь в обсуждение всех. Высказывания более застенчивых членов группы нужно приветствовать особо. Если какой-то человек говорил достаточно долго, можно спросить: «А что другие думают об этом?» Лидеры должны стремиться и сами чему-то научиться наряду с тем, чтобы учить других, и не должны навязывать группе свои идеи. Даже если нас напрямую спрашивают о нашем мнении, лучше, по возможности, сначала попросить высказаться кого-то другого. Также мы не должны отвечать на свои собственные вопросы, лучше их перефразировать.

Лидеры должны стараться не повторять сказанное другими людьми, кроме тех случаев, когда фраза требует пояснения, потому что другим непонятно. Если нам задают вопросы, на которые мы не знаем ответа, не стоит блефовать, вводя других в заблуждение, ибо это будет равносильно поражению. Нужно признать, что мы не знаем ответов на все вопросы. Такое признание делает нам честь. Кроме того, мы всегда можем вернуться к этому вопросу позже или сказать, что сделаем себе пометку и ответим на вопрос на следующей неделе. Еще лучше, если в группе найдется кто-то, кто захочет подготовить ответ. Это очень помогает в процессе обучения и новичков, и лидеров. Важно, чтобы у людей не сложилось впечатление, что на любой сложный вопрос всегда найдется простой ответ, или что мы – великие всезнайки.

Самое важное – показать, как можно изучать Библию, каким образом каждый человек может применить эти принципы к себе и как Бог может через каждое конкретное место из Писания изменить жизнь. Нет нужды отводить этому слишком много времени – 45 минут более чем достаточно.

3. Научиться вместе молиться

Если лидер хочет начать общение с молитвы, то должен сделать это очень тактично. Лидер может помолиться сам, или, что еще лучше, попросить помолиться кого-то другого. Однако это должно быть сделано очень деликатно. Человека надо попросить заранее и дать понять всей группе, что именно он будет молиться в следующий раз, иначе люди будут переживать, что их попросят начать молитву. (Я знаю пару человек, которые перестали приходить на курс из-за страха, что их заставят молиться вслух.)

Чтобы никого не ввести в замешательство, лидер может предложить простую молитву, например: «Попросите Бога дать нам мудрости для понимания этого места Библии», или, заранее попросив кого-то, сказать группе: «Я попросил N начать молитву».

Ближе к завершению курса можно и заканчивать изучение Библии молитвой. Поскольку многие люди поначалу стесняются молиться вслух, важно поговорить с ними о том, что их смущает, и затем предложить им попробовать помолиться простой молитвой, например: «Отец... (короткое предложение)... во имя Иисуса. Аминь». Это вдохновит остальных, потому что они поймут, что тоже могут сделать нечто подобное. Длинные, красноречивые молитвы, быть может, и производят впечатление, но отпугивают новичков, которые сомневаются в том, что смогут произнести такую же молитву. Если дать простую модель, то, по моему опыту, все в группе начнут молиться, иногда даже те, кто еще не стали христианами.

Для тех, кто делает такой шаг и, запинаясь, произносит свою первую молитву, это может стать очень важным событием, добавляющим уверенности в отношения с Богом. Очень трогательно слышать чью-то первую молитву, произнесенную в присутствии других людей. Обычно она не засорена жаргоном и идет прямо от сердца. Нужно говорить людям, что мы все получаем пользу, когда они находят в себе смелость помолиться вслух, как бы коротка и проста их молитва ни была.

4. Развить надежные отношения в Теле Христа

Есть одна известная фраза: «Люди приходят в церковь по многим причинам, но остаются в ней только по одной: если у них появились здесь друзья». Мы обнаружили, что в течение десяти недель между людьми развиваются необычайно теплые, дружеские отношения. Четыре года назад у меня была группа из двенадцати человек, ни один из которых в начале курса не был христианином, но ближе к завершению *Альфы* все они поверили во Христа. Сейчас они занимают руководящие позиции в церкви и остаются очень близкими друг другу людьми. Сразу после курса один из них сказал мне, что раньше думал, что его «реестр дружеских связей» забит до отказа, и был удивлен тому, что у него появилось столько новых, прочных отношений.

Лидеры и помощники должны хорошо познакомиться с каждым человеком в группе. Важно в первый же вечер запомнить их имена. Иногда мы играем в игру «Угадай имя», чтобы облегчить эту задачу. Группа собирается за ужином, и лидеры с помощниками ведут себя как гостеприимные хозяева, стараются поддержать беседу. Бывает, что в конце вечера вся группа отправляется в соседний ресторан, если все с этим соглашаются.

Иногда они встречаются друг с другом на неделе: один на один или все вместе, как группа.

5. Научиться служить друг другу

Недавно я был участником малой группы, в которой обсуждение началось с огромного количества вопросов, многие из которых были далеко не доброжелательными. Люди в этой группе были такими разными, что я был озадачен, смогут ли они когда-нибудь поладить, не говоря уже о том, чтобы служить друг другу в силе Духа Святого. Но в конце собрания было так чудесно видеть всех их молящимися друг за друга, даже возлагающими друг на друга руки с молитвой об исцелении.

6. Обучать других навыкам лидерства

Альфа курс растет с такой скоростью, что постоянно нужны новые лидеры. Он начинался с одной небольшой группы, а сейчас таких групп тридцать пять на одном курсе. Изначально лидерами назначались опытные верующие, за плечами которых было не менее 10 лет христианского опыта. Сегодня многие помощники *Альфа* курса – люди, которые стали христианами на предыдущей *Альфе*, а лидерами могут назначаться люди, имеющие «стаж» христиан не более шести месяцев. Эта ситуация не идеальна, но хорошо иметь такие проблемы: можно предположить, что в ранней церкви была похожая ситуация. Если 3000 человек обратилось в день Пятидесятницы, некоторым из них пришлось стать руководителями практически сразу же.

Апостол Павел говорит Тимофею, чтобы тот доверил то, чему Павел его научил, «верным людям, которые были бы способны и других научить» (2 Тимофею 2:2). Кто-то сказал, что «возложение ответственности на необученных людей обязательно приведет к разочарованию». Поэтому мы следим, чтобы все лидеры и помощники прошли курс обучения, состоящий из трех семинаров. Помощники могут научиться большему в умении руководить, если будут наблюдать за лидерами своей группы «в деле», и мы надеемся, что пример лидеров однажды пригодится всем членам группы.

История Дерека и Фрэнсис Лиго

10

Дерек и Фрэнсис Лиго

Когда два года назад трехмесячная дочь Дерека и Фрэнсис Хлоя внезапно умерла, лежа в своей кроватке, мир рухнул. Здесь Фрэнсис, недавно родившая вторую дочь Фрейю, рассказывает о том, что произошло, и как обретенная вера в Бога изменила их жизнь.

Я воспитывалась в христианских традициях. Дерек был атеистом, но мы с ним венчались в церкви. Это была любовь с первого взгляда. Мы объявили помолвку через две недели после нашей первой встречи. Мы и сейчас все еще любим друг друга, вероятно, даже больше, чем любили тогда, если это вообще возможно.

Я всегда чувствовала, что будет время в моей жизни, когда я узнаю Бога лучше. Я не знала, когда это случится, но была уверена, что это случится обязательно. Не думаю, что подобная мысль когда-нибудь приходила в голову Дереку. Когда мы поженились, все было замечательно: у него - очень хорошая работа в Сити, и мы – на гребне волны. Не все было легко, но мы были очень, очень счастливы.

Потом я забеременела Хлоей, которая стала осуществлением всех наших мечтаний. Мы хотели обзавестись малышом как можно скорее. Решили переехать в более просторный дом и подготовили закладную. Мою беременность нельзя было назвать легкой, около шести недель перед родами я пролежала в больнице. Но Хлоя родилась. Она была красивой, здоровой и счастливой малышкой, и все было чудесно.

Ничто не предвещало того, что случилось позже, вечером 26 ноября 1991 года. Дочка вдруг перестала дышать. В тот момент все были заняты своими делами: Дерек разговаривал по телефону, я готовила ужин. Когда спустя несколько минут я взглянула на Хлою, то увидела, что она мертва. Дерек вызвал «Скорую помощь», и прежде чем она приехала, мы сами делали попытки оживить дочку. В конце концов врачи прибыли, и мы помчались в больницу Святого Георга, где Хлою положили в реанимацию.

Доктора пытались заставить сердце девочки биться. Это продолжалось долго, почти 45 минут, хотя человек умирает, если не получает кислород в течение трех минут. Удивительно было то, что спустя 45 минут сердце Хлои снова заработало. Но дышать самостоятельно она не могла, поэтому ее жизнь поддерживалась искусственно. В реанимации дочь прожила более семнадцати часов, и это были самые длинные часы в моей жизни. Секунда была как день, минута – как год, а часы – как вечность. Мы не знали, что делать. Нет слов, которые могут описать родительские чувства. Хлоя была нашей жизнью. Совсем недавно у нас был подвижный, здоровый ребенок – и вот, в следующий момент на нас дохнуло смертью. Наша жизнь – разбита. Мы не были готовы к этому и находились в оцепенении. Хотелось находиться с ней рядом, но видеть ее страдания было невыносимо. Мы были потрясены и измучены сверх сил. Еще недавно мы так много могли для нее сделать, но сейчас чувствовали только беспомощность. Нельзя было взять свою малышку, прижать ее к себе, забрать домой. Все вокруг было чужим, и стоило больших усилий держать себя в руках.

В этой ситуации Бог проявил к нам удивительное сострадание. Я всегда хотела крестить Хлою, еще перед тем, как она заболела. Дереку это было безразлично, и он не хотел больших хлопот, но сейчас согласился, и мы решили ее крестить. Постепенно становилось все более ясно, что мы потеряем ее, и наши надежды окончательно угасли. Для нас это было тяжелым испытанием, через которое необходимо было пройти. Пришел священник, и мы крестили дочь. Через какое-то время после крещения я сказала Дереку: «Святой Дух здесь». Тогда я ничего не знала о Святом Духе. Но Божья любовь ко мне была настолько невероятной, что Он послал Его, чтобы Тот утешил меня.

Медсестра сказала, что будет гораздо лучше, если я возьму Хлою на руки, чтобы она умерла на моих руках. Но прежде чем это случилось, я почувствовала, как Божья любовь окутывает меня и что Он держит меня в руках так же, как я держу Хлою в своих. Это было очень необычно; я на самом деле не знала, что такое может случиться. Я не была истинной христианкой, однако понимала, что переживаю физический опыт Его любви и света. Были слезы, но не было истерики. Я чувствовала, что неверно удерживать Хлою и возвращать ее назад, хоть мое сердце и было разбито. Я держала ее маленькую ручку и знала, что она с Иисусом, и Он Сам позаботится о ней.

Когда мы вернулись из больницы домой, у нас не было больше ребенка. Я находилась в отчаянии, и весь мир казался черным. Я не могла глядеть в окно, чувствовать радость, потому что часть меня умерла. Ничто не могло меня утешить.

На Рождество, как и планировали, мы отправились во Флориду. По возвращении я случайно встретилась с Сьюзи Фарлей, соседкой, с которой познакомилась на уроках по подготовке к родам. Рядом с ней была ее маленькая Харри. Сьюзи спросила меня, где Хлоя, и я все рассказала. Она очень расстроилась и спросила, христианка ли я. Я ответила, что не знаю, стоит ли верить в Бога, который допускает такое. Однако все это время я чувствовала Его любовь. Сьюзи спросила меня, не хочу ли я пойти на *Альфа* курс в церковь Святой Троицы в Бромптоне, которую она посещает. Я не пошла бы, если бы она не предложила подвезти меня туда и представить остальным. Но что удивительно – как только моя нога переступила через порог комнаты, я почувствовала такой же свет, радость и любовь, которые узнала в момент смерти Хлои.

С этого момента я перестала оглядываться назад на свою жизнь. Это было единственное, что поддерживало меня. Я стала приходить на занятия и в итоге закончила курс. Люди были очень добры. Я вдруг узнала, что есть небо, и птицы в нем, и радуга, и много прекрасного вокруг. Это стоило того, чтобы жить снова. Дерек не мог поверить в такую перемену во мне. Он был очень удивлен, потому что думал, что я попала в какую-то секту, и решил все это быстро пресечь. Но мне удалось убедить его посетить следующее занятие *Альфа* курса. И он ради меня согласился. Следующие пять недель он вел себя очень агрессивно и приводил убедительные аргументы против христианства.

Однажды, сидя в парикмахерской, на тот момент пройдя уже половину курса, Дерек заглянул внутрь себя и помолился, чтобы Бог вошел в его жизнь. Как он рассказывает сейчас, Бог ответил немедленно. Дерек почувствовал, что небеса радуются, и услышал голос: «Наконец-то! Мы ждали всю твою жизнь, что ты сделаешь это. Спасибо!»

С этого момента наша жизнь кардинально изменилась. Дерек ушел с работы, и мы почти год постоянно находились вместе. В Писании говорится, что Бог выводит на «пространное» место (Псалом 17:20), так Он сделал и с нами. Он отвечал на все наши нужды. Дал нам прекрасных друзей, более близких, чем были у нас до сих пор. Они молятся за все стороны нашей жизни. Вскоре у нас родилась вторая дочь Фрейя. Дерек получил работу, которая как раз ему подходит. Так стал проявляться совершенный Божий план в нашей жизни.

Каждый день я плачу по Хлое. Я все еще люблю ее. Несколько месяцев спустя после ее смерти я спросила: «Почему?» Она казалась такой совершенной, а утрата – невосполнимой. Всегда знаешь, когда Бог отвечает, потому что в Его ответе есть могущество. Я почувствовала, как Он сказал: «Здесь, на небесах, Хлоя намного счастливее, чем на земле». Но я сказала: «Я все еще люблю ее, люблю так сильно, Господь. Я столь многому хотела научить ее, так много хотела ей показать». Он ответил: «Теперь ты понимаешь, почему нуждаешься в Моей любви так же сильно, как сильно любишь Хлою. Есть так много того, чему Я хочу тебя научить и что хочу тебе показать».

Маленькая Фрейя – самый чудесный ребенок, и мы счастливы ею. Когда Фрейя подрастет, мы понимаем, как ей будет не хватать сестры. Она обожает общаться с другими детьми.

Горе – это не что-то, похожее на простуду, чем можно просто переболеть. Иногда приходится учиться жить с болью, которая появилась в результате физической утраты человека, которого любишь. Переносить это неимоверно трудно. Однако нет испытаний, которые нам было бы не под силу перенести. Ведь Господь продолжает быть нашей силой. Он никогда не обманывал наших ожиданий, Он продолжает лечить и успокаивать нас. И это не секрет для тех, кто знает Его любовь. Через смерть Хлои я духовно выросла. Возрастая, ты узнаешь волю Бога и учишься ее принимать (хотя иногда это так трудно – расти). Я чувствовала, что раньше жила неполноценной жизнью. Теперь мой дух проснулся и оказался существенной частью моего земного существования, о которой я когда-то и не подозревала.

Господь любит меня гораздо больше, чем я могу себе вообразить, и думаю, Он знает, что теперь, когда я узнала и полюбила Его, я никогда нс отвернусь от Его помощи и силы. Я никогда не забуду Его доброту ко мне в самые трудные часы жизни. Я была никем до встречи с Ним и буду никем без Него – Он центр моей жизни.

11

Как излагать тему беседы

Еще до своего обращения в христианскую веру однажды я случайно попал на служение, проводимое христианской миссией в Кембридже. Помню, как в начале я посмотрел на часы, решил для себя не слушать проповедь, и продолжал все время смотреть на часы, удивляясь, как долго проповедь тянется и как мне скучно. Другие, казалось, получали от нее удовольствие и смеялись. Но я сказал себе, что не буду слушать ни единого слова.

Когда мы говорим с христианами, логично предположить наличие интереса с их стороны. Мы ожидаем, что в церкви люди жаждут узнать больше о христианской вере, пытаются понять учение и изучают Библию. В отношении же нехристиан мы таких предположений делать не можем. Разумнее признать, что скорее всего они задаются вопросом: «Почему я должен все это слушать?», и постараться сказать что-либо, что их заинтересует.

Это необходимо учитывать. Сначала нужно объяснить, почему им следует слушать. Истина сама по себе не всегда бесспорно интересна. Если мы начнем нашу речь со слов: «Сейчас я изложу вам доктрину оправдания по вере», нехристиане скорее всего сразу заснут. Как правило, люди не интересуются богословием или историческими фактами до тех пор, пока не осознают, что это относится и к их жизни тоже. Нам нужно с самого начала их заинтересовать: первые несколько секунд крайне важны.

Они должны подумать: «А ведь это интересно...» Подобно Иисусу, нам нужно обращать внимание прежде всего на их нужды, на их боль, на то, что может «затронуть их за живое». Юмор также может подготовить людей к восприятию той истины, которую мы хотим передать. Им нравится слушать истории: и смешные, и серьезные. В итоге все это должно привести к рассмотрению темы, актуальной для слушающих: работа, стресс, одиночество, отношения, брак, семейная жизнь, страдание, смерть, вина или страх.

В этой главе я хочу рассмотреть принципы, которыми стоит руководствоваться, выступая перед неверующими (например, перед гостями *Альфа* курса) и, в частности, готовя евангельское послание людям, пришедшим на *Альфа* ужин, завершающий очередной курс. Думаю, многие смогут обрести необходимые навыки. Основное требование для этого – сильное желание говорить людям о Христе. При подготовке темы следует обратить внимание на семь важнейших вопросов. Рассмотрим каждый из них по порядку.

Основано ли это на Библии?

Епископ Вейкфилдский Н. МакКулок, будучи в отпуске, однажды попал на проповедь, о которой сказал, что она только «позорит церковь». «Проповедник говорил долго, но сказал мало. Центральной темы не было. Когда я посмотрел на окружающих меня верующих, то увидел спящих пожилых и ерзающих молодых людей, которым, как и мне, было скучно. Проповедь ни на что нас не вдохновляла и не имела к нам никакого отношения. Еще одна упущенная возможность. В действительности, какой позор». Епископ не рассказал, о чем была проповедь, но заметил: «Прихожанам не нужны низкосортные комментарии к последним событиям в мире, им нужна настоящая проповедь, которая оживляет Библию... Если бы апостола Павла спросили, что делать англиканской церкви сегодня, он сказал бы нам то же, что сказал Тимофею. С каждой кафедры, в каждой церкви, на каждом служении «проповедуй Слово». Это не означает, что разговор с людьми, которые не посещают церковь, обязательно должен заключаться в толковании Библии. Он должен быть основан на библейской истине, с «вплетениями» в изложение материала библейских стихов. Озвучивая евангельское послание людям, которые пришли на заключительный *Альфа* ужин, я всегда стараюсь включить в него несколько конкретных мыслей. Павел написал коринфянам: «... Я рассудил быть у вас не знающим ничего, кроме Иисуса Христа, и притом распятого» (1 Коринфянам 2:2). Я стараюсь сделать Иисуса центром повествования. Во-первых, говорю о том, Кто такой Иисус, о том, что христианство – вера, основанная на исторических фактах, на Его жизни, смерти и воскресении; я говорю, что Этот Самый Иисус жив и сегодня, и у нас с Ним могут быть личные взаимоотношения. Во-вторых, я говорю о Его распятии, о том, что Иисус совершил на Кресте, когда умер за нас, и как Он сделал возможным прощение наших грехов и избавление от вины. В-третьих, объясняю, каким образом любой человек может обрести взаимоотношения с Богом через покаяние, веру и принятие Святого Духа.»

Является ли это доброй вестью?

В своей первой проповеди, произнесенной в синагоге, Иисус процитировал пророка Исайю: «Дух Господень на Мне; ибо Он помазал Меня благовествовать нищим» (Луки 4:18). Иисус пришел не осудить мир, а спасти его. Евангелие – это хорошая весть для мира, полного плохих известий. Не нужно стремиться заставить людей испытывать чувство вины. Возможно, нам надо говорить о грехе и о чувстве вины, но на этом не останавливаться. Мы говорим об Иисусе, Который освобождает от греха, вины и зла. В этом и заключается Благая Весть.

Когда Филипп говорил с евнухом ефиоплянином, он «благовествовал ему об Иисусе» (Деяния 8:35). На *Альфа* ужине я объясняю, что Иисус Христос удовлетворяет наши глубочайшие нужды. Я знаю, присутствующие в зале неверующие люди страдают от незнания цели и смысла жизни; у них нет вразумительного ответа на вопрос о неизбежности смерти и о всеобщей проблеме вины. Ко всему прочему, они, вероятнее всего, ощущают «вселенское одиночество» из-за того, что живут в Божьем мире без Бога, для Которого и Которым были сотворены.

Зная эти нужды, я пытаюсь проиллюстрировать, каким образом Иисус избавил нас от вины на кресте, как Он поразил смерть Своим воскресением и как именно сделал для нас возможными отношения с самим Богом. Какой это привносит смысл в нашу жизнь и как Бог дает нам Своего Святого Духа, общаясь с Которым, мы, никогда не почувствуем «вселенского одиночества». Конечно, Благая Весть Царствия Божьего включает гораздо больше всего этого. Но в двадцатиминутной речи на *Альфа* ужине я рассказываю только самые основные аспекты Благой Вести. Готовясь к проповеди, я всегда спрашиваю себя: «Действительно ли новость, которую я собираюсь сообщить людям, добрая?»

Интересно ли это?

Мы живем в эпоху телевидения и компьютерных игр. Люди не привыкли к долгим речам, и удержать их внимание бывает трудно. Им сложно надолго сосредоточиваться на «неразбавленной» теологии. Они предпочитают слушать разные истории, чтобы попробовать соотнести их со своей жизнью. В качестве основного правила я нашел для себя полезным следовать такой формуле: основная мысль, объяснение на примере, применение в жизни. Выступление, построенное по этой формуле, может иметь такую структуру:

Вступление

1. Основная мысль
   - объяснение на примере
   - применение в жизни
2. Основная мысль
   - объяснение на примере
   - применение в жизни
3. Основная мысль
   - объяснение на примере
   - применение в жизни

Заключение

Объяснения на примерах очень важны. Я занимаюсь «коллекционированием» таких примеров. Большую часть беру из собственного опыта; еще – из материалов газет, журналов, радио, телевидения, из фильмов, спектаклей и книг. Одни из самых лучших иллюстраций содержатся в самой Библии, а также в окружающей нас природе. И, конечно же, нам нужно тщательно продумывать, каким образом истины, о которых мы говорим, могут быть применены в жизни наших слушателей.

Убедительно ли это?

Апостол Павел старался «вразумлять»* людей (см. 2 Коринфянам 5:11). Прежде всего нам следует разобраться, с какой целью мы собираемся изложить ту или иную тему. Стараемся привести людей ко Христу, пытаемся убедить их читать Библию или призываем больше молиться? Запишите эту цель сразу после заголовка вашего рассказа. Ведь если мы никуда не целимся, то, скорее всего, ни во что не попадем. А если намечается слишком много разных целей, наши усилия будут растрачиваться зря. Чарльз Сперджен, проповедник девятнадцатого века, сказал: «От одного самого обычного гвоздя, крепко вбитого по самую шляпку, гораздо больше пользы, чем от двух десятков кнопок, которые можно легко выдернуть».

Определив цель, мы строим рассказ таким образом, чтобы каждая мысль в нем поддерживала эту цель, как колышки удерживают палатку с трех или четырех углов. Каждый наш аргумент должен быть адресован к разуму, сердцу и воле слушателей.

Обращаясь к разуму, нам нужно показать людям, почему они должны совершать то или иное действие. За время *Альфа* курса мы стараемся преподнести людям основы Евангелия, на праздничном *Альфа* ужине – говорим о важнейших аспектах Благой Вести.

Если бы проповедь была обращена только к разуму, она

---

* В английском переводе: «убеждать» (прим. перев.).

была бы очень сухой. Поэтому важно обращаться и к сердцу. Если вы англичанин (как и я), возможно, для вас это покажется затруднительным. Человеческие эмоции должны учитываться в такой же степени. Если мы будем апеллировать только к эмоциям человека, есть опасность быть излишне экспансивным. И наоборот, обращаясь исключительно к разуму, мы можем впасть в чрезмерные умствования.

Пытаясь убедить людей принять решение, нужно обращаться к их воле. В евангелизационной проповеди я стараюсь заранее дать понять, что нужно будет принимать решение, что не существует нейтральной зоны, и в Царствии Божьем не может быть никаких «я не знаю». Я объясняю людям, каковы возможные варианты. Они могут или отвергнуть Христа, или принять Его, или отложить принятие решения. Любое решение должно быть принято ими без какого-либо давления. Хорошо – убеждать, но давить – неправильно.

Основано ли это на личном опыте?

Епископ Филипс Брукс дал проповеди такое определение: «донесение истины, пропущенной через личный опыт». Конечно, послание, которое мы хотим донести, представляет собой объективную истину, и большая часть из того, что мы скажем – это провозглашение конкретной истины. Однако для слушателей будет огромным подспорьем, если мы сможем проиллюстрировать эти истины, ссылаясь на собственный опыт. Нам нужно быть честными и искренними. Не стоит притворяться совершенными или делать вид, что нам никогда и ни с чем не приходилось бороться. Это не означает, что обязательно нужно прибегать к публичным признаниям, ставящим всех в весьма неловкое положение. Просто необходимо уметь признавать, что у нас есть слабости и что мы, как и другие, переживаем неудачи. Истории, в которых мы выглядим не лучшим образом, могут оказаться смешными и ободряющими, если они рассказаны для укрепления веры и не оказывают негативного действия на слушателей. Например, я часто рассказываю о своих первых попытках евангелизировать и о смешных ситуациях, в которые я в связи с этим попадал. С одной стороны, я смеюсь над собой, с другой – демонстрирую людям, что все мы совершаем ошибки.

Излагая тему, чаще говорите «мы», реже – «вы». Предложение со словом «вы» звучит угрожающе и предполагает, что мы определенным образом ставим себя над своими слушателями. «Мы» – гораздо лучше, поскольку подразумевает, что мы все находимся в одинаковом положении. «Я» является наименее пугающим, поскольку исключает намек на то, что слушатели имеют те же самые проблемы. Но если слишком часто говорить «я», создается впечатление, что вы думаете только о себе. В общем, я бы предложил реже использовать слова «вы» и «я». «Вы» часто эффективно в конце речи: «Чем для вас являются утверждения Христа?», «Решите ли вы сегодня...?»

Понятно ли это?

Нет смысла в изложении величайшей в мире проповеди, если никто не сможет ее понять. Никогда не следует переоценивать степень познаний, осведомленности слушателей, так же как и недооценивать их умственные способности, смышленость. Из-за того, что знание ограничено, нам нужно избегать церковного жаргона (привычного лишь для «своих») и специфических терминов, таких, как «оправдание», «святость», «искупление» или любых других слов, которые не встречаются в повседневной речи. Использовать эти слова можно только в том случае, если мы простым языком объясним их значение. С другой стороны, большинство людей имеет достаточно высокий интеллектуальный уровень, и если им хорошо объяснять, они смогут понять практически все. Многие богословские книги и речи непостижимы для большинства людей: это вполне понятно, если это специфические книги, предназначенные для специалистов. Я, например, замечаю за собой, что выражаюсь чрезмерно сложно, если сам до конца не все понимаю. Альберт Эйнштейн однажды сказал: «Вы ничего не понимаете по-настоящему до тех пор, пока не можете объяснить это простым языком».

Безусловно, учение Иисуса было в основном очень простым. «Компактность» молитвы «Отче наш», в которой всего 64 слова, очень выигрывает по сравнению с опубликованным недавно официальным сообщением ЕЭС о продаже капусты, содержащим 26 901 слово!

Призывает ли это к действию?

Библия часто увещевает нас быть «исполнителями» слова, а не просто «слышателями». Иаков пишет: «Будьте же исполнители слова, а не слышатели только, обманывающие самих себя» (Иакова 1:22). Иисус Сам сказал, чем отличается мудрый человек (который построил свой дом на камне) от безрассудного (который построил свой дом на песке): мудрый применил на практике то, что услышал (см. Матфея 7:24), а безрассудный не сделал этого.

Если мы собираемся помочь людям практиковать то, что они услышали, нам нужно говорить очень конкретно. Необходимо показать, как они могут сделать то, о чем мы говорим. В евангелизационной проповеди мы должны подробно и ясно объяснить, что нужно сделать тому, кто желает отдать свою жизнь Христу. В контексте Нового Завета важнейшими шагами являются покаяние, вера и принятие Святого Духа. Я объясняю это, используя слова «сожалею», «благодарю» и «пожалуйста».

Я объясняю, что покаяться – значит попросить о прощении за прошлое и оставить все, что, как мы понимаем, является неправильным в нашей жизни («сожалею»). Я говорю, что вера – это упование на то, что Иисус сделал для нас на Кресте («благодарю»). Также я объясняю, что принять Духа Святого – означает попросить Его войти в нашу жизнь («пожалуйста»). Затем я произношу молитву, похожую на приведенную в книге «Почему Иисус?», и даю людям возможность повторить ее вместе со мной.

Наконец, нужно помнить, что более важно готовить себя, чем текст проповеди. Билли Грэм, выступая перед 600 служителями в Лондоне в ноябре 1979 г., сказал, что если бы он снова начинал свое служение, то изменил бы две вещи. Аудитория недоумевала. Что он имел в виду? Он сказал, что уделял бы исследованию Библии в три раза больше времени и гораздо больше посвятил бы себя молитве. Билли Грэм процитировал д-ра Дональда Грэя Барнхауза, который сказал: «Если бы у меня было только три года, чтобы служить Господу, два из них я бы потратил на занятия и подготовку».

История Берни Кина

lord

12

Берни Кин

Лондонский таксист Берни Кин большую часть своей жизни, хоть и с перерывами, но все же ходил в церковь. В октябре 1996 г. он и его жена Памела решили пройти *Альфа* курс, проводимый в церкви Святой Троицы в Бромптоне. Берни объясняет, каким образом полностью переменилось его отношение к Богу и к жизни в целом.

Я родился в больнице Святого Стефана на Фулхэм Роуд, вырос – на территории Кенсингтона и Челси. Будучи годовалым мальчиком, я заболел коклюшем, из-за чего долгое время провел в детской клинике. Последствием болезни стал хронический бронхит. Я был воспитан в строгой римско-католической семье. С девятилетнего возраста стал прислуживать у алтаря. Позже ходил в церковь по воскресеньям, но если была возможность оттуда сбежать, так и делал.

В пятнадцать лет бросил школу и стал плотником. Затем решил, что не хочу этим заниматься, и начал работать продавцом рыбы на Нью Кингз Роуд. Но бросил и это занятие, потому что моя подружка сказала: «Берни, ты мне нравишься, но мне не нравится, как ты пахнешь».

В шестидесятые я был подростком и обожал мотороллеры. Каждые выходные мы ездили в Брайтон, оставались там на весь уик-энд, спали на пляже, напивались, а потом ехали назад. Я был полностью поглощен собой, девушками, развлечениями, и все это продолжалось до тех пор, пока мне не стукнуло за тридцать. Я пил, тусовался – по мне, это было веселое время. Позже стал управляющим книжным магазином на Кромвел Роуд, где и встретился с моей прекрасной женой Памелой, которая работала в соседнем магазине.

Будучи подростком, я перестал ходить в церковь. Только после женитьбы на Пэм мне стало интересно ходить на мессу и посещать ее церковь в Шотландии: Памела – шотландка. Встреча с ней подтолкнула меня к правильному образу жизни.

По-новому взглянуть на христианство я смог, когда встретил греческого судоходного магната, ставшего христианином. Он пригласил меня послушать одного миссионера в церкви Саусворка, в которой собралось много бедолаг и неудачников. Проповедь была чудесной, и в ее завершение миссионер попросил всех, кто хочет принять спасение, подняться. Я встал, хоть и не понимал, что делаю. Тем не менее, у меня навсегда сохранятся теплые воспоминания об этом парне, потому что я чувствую, что он посеял во мне первые семена христианства.

Быть лондонским таксистом – значит выучить названия всех улиц и известных зданий в Лондоне. Это занимает два-три года, если ты способный и усердно над этим трудишься. Каждый день после обеда я садился на свой велосипед и ездил по Лондону, а потом шел в вечернюю школу таксистов. Выходные я обычно проводил в «перекличке» со своим другом: называл все улицы, как попугай. Нужно было изучить 600 маршрутов, которые петляют по всему Лондону. Это похоже на головоломку.

Когда я впервые пришел в вечернюю школу, то думал: «Это невозможно!» Но постепенно знания стали обретать определенную структуру – недаром эту школу называют «Знание». Чтобы стать таксистом, я сдал четырнадцать экзаменов. Было нелегко, если учесть, что из каждых двенадцати человек, начинающих заниматься, восемь в итоге школу бросают. В 1985 г. я стал водителем такси и в этой профессии до сих пор.

Когда родилась моя дочь Лора, ее крестили как католичку. Я почувствовал, что должен наставить ее в вере и начал брать с собой в церковь. Иногда жена присоединялась к нам. А когда мы приезжали в Шотландию, то посещали ее церковь.

Примерно десять лет назад мы попали на собрание в Эрл Корте с участием Билли Грэма. Я был потрясен. После служения я подошел к одному из служителей, на груди у которого был значок. Мы начали разговаривать, и выяснилось нечто поразительное. Здесь присутствовали тысячи людей, но именно его дочь училась в той же самой школе и в том же классе, что и моя. У нас состоялся приятный разговор, во время которого он предложил: «Почему бы тебе не присоединиться к группе по изучению Библии?»

Я решил прислушаться к его совету и посетил одно занятие той группы, но, видимо, тогда еще не был к этому готов, и больше не пошел.

Мы с дочерью продолжали ходить в католическую церковь, всегда садясь на дальние места.

Я это делал автоматически. Из всего служения мне нравилось только, когда читали Евангелие, делали объявления и когда мы жали друг другу руки. Остальное для меня было не более чем долгим затянутым ритуалом.

Летом 1996 года мы с Памелой отправились в отпуск в Испанию. У нас были друзья, которые, выйдя на пенсию, обосновались там. Они нам поведали, что недавно стали христианами, и взяли нас на молитвенное собрание в горах, которое проводила супружеская пара миссионеров из Колумбии. Эти люди оставили в Колумбии все. Я был потрясен этим. В конце вечера миссионеры пригласили желающих выйти вперед, чтобы принять благословение. Они возлагали руки на людей и молились за них.

Дочь наших испанских друзей сказала: «Прочитай этот псалом, Берни. Я всегда читаю его, когда мне грустно или плохо. Он придает сил». Это был Псалом 138: «Господи! Ты испытал меня и знаешь. Ты знаешь, когда я сажусь и когда встаю...» Я прочитал его. Он был чудесным. Дочь друзей сказала: «Почему бы тебе не пойти и не получить благословение?» Я подумал: «Здесь, высоко в горах, я могу стать еще ближе к Богу!» Поэтому пошел и принял благословение. Молились за меня довольно долго.

Я почувствовал, что эти люди искренние, настоящие и преданные Богу. Мне было интересно стать таким, как они.

Затем друзья сказали мне: «Когда вы вернетесь домой, почему бы тебе и Пэм не пройти *Альфа* курс?» Я спросил, что это такое. Они дали мне экземпляр «*Альфа* ньюс», из которого я прочитал об *Альфе*. По возвращении домой выяснилось, что один такой курс проходит в Уимблдоне, другой – в Ричмонде (пригороде Лондона), где работает моя жена. Затем я прочитал, что Никки Гамбл проводит курс в церкви Святой Троицы в Бромптоне. Я подумал: «Надо пойти и повидать главного. Надо пройти курс у него самого». Моя жена сказала, что могла бы приезжать из Ричмонда, а я в своем такси так или иначе курсировал по городу. Все складывалось замечательным образом, и в октябре 1996 года мы начали посещать *Альфа* курс.

Войдя в первый вечер в здание, я подумал: «Вот это да!» По моим представлениям, я должен был очутиться в маленьком деревенского вида зальчике, где собирается примерно сорок человек. Но здесь их было пятьсот. Я сел за стол и подумал, что хотя здесь очень мило, но бьюсь об заклад, это просто компания людей среднего класса, любящих щебетать об Иисусе, поедая мясное рагу. Тем не менее, я стараюсь всегда доводить начатое до конца. Через пару недель я расслабился, стал получать удовольствие от выступлений Никки и прекрасно их воспринимать. Также мне очень понравилась группа, в которую я входил.

Через три или четыре недели меня действительно все это стало захватывать. Мы с женой возвращались поздно домой и засиживались до часа ночи, обсуждая услышанное. На уик-энд со Святым Духом мы должны были отправиться в Понтинс. Святой Дух был для меня всегда очень важен, и я ждал этого уик-энда.

В субботу, когда Никки начал говорить о Святом Духе, я помолился: «Господи, я стараюсь быть искренним, пожалуйста, наполни меня Святым Духом». Я всегда чувствовал внутри себя духовную пустоту. И на этот раз ничего не изменилось.

Воскресным утром я молился снова и внезапно ощутил покой. Я почувствовал, что на моем лице появляется улыбка. Это было так замечательно, что просто невозможно описать словами.

Единственное, что могу сказать: я избавился от груза вины и всего того, что ставило меня в тупик в отношении религии. Впервые в своей жизни я ощутил, что у меня есть взаимоотношения с Богом. Раньше я не очень понимал, что люди имели в виду, говоря: «У меня есть взаимоотношения с Богом». Теперь я почувствовал, что у меня самого есть эти взаимоотношения. Моя жена говорит, что заметила во мне большую перемену.

Теперь я читаю Библию каждый день, чего раньше не было. Недавно, на мое пятидесятилетие, жена купила мне большую Библию. В ней есть множество полезных ссылок, и я никак не могу ею начитаться. Мне приходится заставлять себя бросать чтение, потому что жена напоминает, что у меня есть другис обязанности, такие как работа и дела по хозяйству!

Теперь у меня есть отношения с Иисусом. Я могу разговаривать с Ним. До этого я всегда просил у Него что-то, но сейчас провожу больше времени, благодаря Его. Я благодарю Его за то, что произошло в течение дня, что случилось в моей жизни. Он укрепил мой брак.

Моя золовка подтрунивает надо мной, говоря, что я стал «церковным фанатом», а парни в уличном пабе дразнят «блаженным». Но все они хотят узнать, что же происходит.

Теперь я посещаю евангельскую церковь на той же улице, где живу: Уорпл Роуд, Уимблдон. Когда я пришел туда, меня поразили отношения братства между людьми, их дружелюбие. Мысленно я возвращаюсь в прошлое и понимаю, что всегда старался узнать Бога, но раньше не знал, как.

В такси у меня всегда есть брошюры «Почему Иисус?» и другие материалы об *Альфа* курсе. Иногда я говорю пассажирам: «Придите и попробуйте. Вам это ничего не будет стоить. Это как провести десять вечеров в театре! И у вас будет хорошая еда за два с половиной фунта».

Думаю, что *Альфа* курс научил меня отношениям с Богом. Теперь я разговариваю с Ним. Каждый день преклоняю колени – раньше я бы никогда такого не сделал.

13

Служение

Именно благодаря действию Святого Духа *Альфа* – такой захватывающий курс. Если все то, что мы делаем – сама тема, дискуссионная группа, библейские занятия, пасторская опека, администрирование и все остальное, – получается хорошо, значит, это Его заслуга. Слово «служение» в Новом Завете и в современной Церкви трактуется несколько по-разному. С одной стороны, под служением подразумевается все, что делается в церкви, да и на *Альфа* курсе. Джон Уимбер определил служение как «восполнение нужд людей с помощью Божьих ресурсов». В Новом Библейском словаре указывается: «В своей первоначальной форме христианское служение всегда было харизматическим, так как включало в себя использование духовных даров или сверхъестественных дарований, которые являлись свидетельством присутствия Святого Духа в церкви». В этой главе, однако, я использую узкое понимание этого слова: когда мы молимся за людей в силе Святого Духа.

Одна из самых изумительных историй Ветхого Завета – рассказ о том, как Моисей и народ израильский переходили Чермное море. Когда они подошли к морю, Бог сказал Моисею: «А ты подними жезл твой и простри руку твою на море, и раздели его, и пройдут сыны Израилевы среди моря по суше» (Исход 14:16). Бог просил Моисея выполнить его часть работы, обещая в то же время совершить Свою, разделив море. Мне интересно, о чем думал Моисей в тот момент. Он мог бы почувствовать себя глупо, если бы простер руку, а Бог не разделил море. Возможно, он подумал, что было бы намного легче, если бы Бог просто разделил море, не подключая к этому событию его. Но, как и во многих других местах Библии, здесь мы видим сотрудничество между нами и Богом. Бог позволяет нам участвовать в Его планах. Мы выполняем свою часть работы, а Бог делает Свою. Наша часть относительно проста, Божья – не такая легкая.

Моисей сделал шаг веры и «простер руку свою» (Исход 14:21). Бог ответил тем, что «гнал Господь море сильным восточным ветром всю ночь, и сделал море сушею; и расступились воды. И пошли сыны Израилевы среди моря по суше: воды же были им стеною по правую и по левую сторону» (Исход 14:21-22).

Бог не изменился. Эта история напоминает нам, что когда мы делаем то, о чем Бог нас просит, Он делает то, что обещал. Когда мы молимся за людей, Он посылает Свой Святой Дух изменять их жизни. Молитва может быть за людей, об исполнении Духом, о принятии дара (например, иных языков) или за исцеление.

Принципы служения

Самое главное – осознать, что это служение Святого Духа, производимое не нашей силой, а Его. То, что Бог сказал Моисею, было довольно просто исполнить; ему не нужно было кричать, танцевать или прыгать. Мы рекомендуем лидерам вести себя естественно и быть самими собой; сделать шаг веры, простереть руку и попросить Бога послать Своего Духа. Остальное зависит от Него. Иногда во время такой молитвы я оглядываюсь вокруг и вижу лидеров или помощников, впервые делающих шаг веры в этом служении. Очень часто их лица выражают удивление, смущение и радость, когда они видят, что Бог начинает делать через них.

Становясь свидетелем удивительной работы Духа, есть соблазн начать смотреть на плоды, а не на Лозу. Но мы должны продолжать смотреть на Иисуса. Иисус учил Своих учеников в наиболее важных вопросах быть твердыми и не отклоняться в сторону. Когда семьдесят два ученика с радостью возвратились оттуда, куда были посланы на служение, и сказали: «Господи! И бесы повинуются нам о имени Твоем» (Луки 10:17), Иисус ответил: «Я видел сатану, спадшего с неба, как молнию; се, даю вам власть наступать на змей и скорпионов и на всю силу вражию, и ничто не повредит вам; однакож тому не радуйтесь, что духи вам повинуются; но радуйтесь тому, что имена ваши написаны на небесах» (Луки 10:18-20).

Второе, что не менее важно понять: служение должно иметь библейское основание. Дух Божий и написанное Слово Божие никогда не противоречат один другому. Они дополняют друг друга. Бог никогда не сделает и не скажет ничего, что не сообразуется с Его волей и характером, представленными в Библии. Поскольку Слово и Дух идут рука об руку, мы говорим нашим лидерам, что их служение требует, чтобы они «пропитались» библейскими истинами и обетованиями. Истина делает людей свободными (см. Иоанна 8:32). Я прошу членов команды запомнить, где находятся ключевые места Писания, которые часто необходимы при молитве за людей. Например, мы нередко используем следующие места Библии: Псалом 50 (при покаянии), Псалом 90 (если человек испытывает страх), Филиппийцам 4:6-7 (если он беспокоится о чем-то), Псалом 36:5 (если нужно руководство), 1 Коринфянам 10:13 (в период искушений).

Нашей третьей основной заботой в служении является достоинство человека: если мы любим людей, то оказываем им уважение. Прежде всего это означает гарантированную конфиденциальность. Когда люди говорят нам что-то сокровенное о своей жизни, они должны быть уверены, что дальше наших ушей это не распространится. Недопустимо делиться чужой тайной с кем-то еще, «чтобы другие молились», или обсуждать ее на встречах помощников. Далее, наша задача – поддерживать, а не осуждать. Мы не говорим: «Это твоя вина», если человек не исцелен, и не делаем предположений, что это происходит лишь из-за недостатка его веры. Иисус никогда не говорил человеку, что недостаток его веры препятствует исцелению. Иногда Он укорял Своих учеников за недостаток веры (и мы должны спрашивать себя, имеем ли веру), но Он никогда не осуждал за это больного. Мы не должны ни на кого возлагать дополнительное бремя, особенно на тех, кто болен.

Если они не исцелены, не нужно требовать от них веры в то, что они здоровы. Вместо этого мы должны вдохновлять их быть свободными в том, чтобы возвращаться к этому вопросу и молиться снова и снова. Такая молитва должна быть тихой, следует избегать любой супердуховности и чрезмерного напряжения.

Четвертый принцип – гармоничные отношения. Иисус молился за Своих учеников: «Да будут совершены воедино, и да познает мир, что Ты послал Меня и возлюбил их, как возлюбил Меня» (Иоанна 17:23). Единство народа Божьего было высоким приоритетом для Иисуса, таковым оно должно быть и для нас. Недостаток единства, любви и прощения в команде сдерживает работу Духа и служит дурным примером для посещающих *Альфа* курс. Совершенно необходимо, чтобы лидеры и помощники каждой группы находили время молиться вместе, поскольку молитва – самый эффективный способ искоренить мелкое раздражение. Мы взяли за правило на *Альфа* курсе никогда не критиковать другую деноминацию, другую христианскую церковь или христианского лидера. Мы постоянно пытаемся поддержать и ободрить друг друга. Я стараюсь не допускать отрицательных высказываний в адрес кого-либо из членов команды, даже если они произносятся в шутку. Мы очень внимательно следим за тем, чтобы во время праздничного представления на уик-энде не звучало шуток даже с легким налетом цинизма. Это может показаться излишним, но мы пришли к выводу, что даже самые невинные комментарии могут повлечь за собой печальные последствия.

Наш пятый принцип – осознание важности Тела Христа. Христианская община – это место, где происходит длительный процесс исцеления и духовного роста под защитой авторитета Церкви. Мы подчеркиваем, что каждый человек должен попытаться найти группу, где он может расти и развиваться. Лидеры и помощники обязаны помочь каждому, находящемуся на их попечении, найти такую группу.

Модель служения

Наряду с принципами, на которых основывается наше служение, важно иметь модель, способную дать нам возможность применить теорию на практике, чтобы не оставить теорию лишь теорией. За годы проведения *Альфа* курса мы разработали определенную модель. Ее нельзя назвать ни единственной, ни самой лучшей. Но мы обнаружили, что когда применяем ее, Бог действует. Она достаточно проста, чтобы каждый мог ею пользоваться и чувствовать себя уверенно.

Если мы молимся за людей, то делаем это в группах

по два или, самое большое, три человека. Иногда, например, в воскресное утро на уик-энде со Святым Духом так много людей хотят, чтобы за них помолились, что лидеров и помощников не хватает. В этой ситуации люди делятся на пары, и один молится за другого. При этом мы строго придерживаемся правила, согласно которому мужчины молятся за мужчин, а женщины за женщин. Ведь часто во время такой молитвы Святой Дух открывает очень личные, интимные аспекты жизни человека. Также в такие моменты может образоваться чрезвычайно сильная связь между тем, кто молится, и тем, за кого молятся, а если это лица противоположного пола, есть опасность неправильного понимания некоторых «сигналов». Если за человека молятся двое, то один из них обязательно должен быть того же пола, что и человек, за которого молятся.

Молитву ведет кто-то один, а остальные его поддерживают. Дело в том, что когда молитву пытаются вести сразу два человека, может возникнуть неразбериха. Представьте, что будет, если один говорит: «Подождите», а другой: «Продолжаем!»

Для молитвы нужно найти по возможности тихое и спокойное место. Если в комнате много народа, важно, чтобы окружающие не могли услышать ничего такого, что может смутить человека, за которого молятся. Мне приходилось видеть, как молящиеся не к месту повышали голос и даже кричали, что было крайне неудобно для того, за кого они молились.

Сначала мы спрашиваем человека, о чем бы он хотел помолиться. Также мы уделяем время тому, чтобы разобраться в некоторых сложных вопросах, касающихся понимания или убеждений. Часто есть нужда в покаянии и прощении (как в принятии прощения, так и в прощении других). Отсутствие покаяния и прощения – основной камень преткновения для работы Святого Духа в нашей жизни.

Иногда становится ясно, что человек еще не христианин. Каждый член команды должен знать, как приводить людей ко Христу. Я обычно кратко пересказываю брошюру «Почему Иисус?» и затем спрашиваю человека, согласен ли он прямо сейчас произнести молитву спасения или предпочел бы пойти и подумать на эту тему (важно всегда предоставлять людям выбор, чтобы у них не складывалось впечатления, что их принуждают сделать что-то, к чему они не готовы). Если человек говорит, что хочет сделать это сейчас, я обычно кратко молюсь за него, а затем прошу прочитать молитву вслух, медленно и обдуманно, добавляя к ней все, что он пожелает. После этого я молюсь за него, прося Дух Божий прийти и наполнить вновь обращенного.

Если человек уже христианин, но никогда по-настоящему не ощущал Бога и силу Святого Духа, нужно ободрить его, приводя примеры из Писания и ссылаясь на Божьи обетования. Мы должны уметь разбираться с трудностями, которые могут возникнуть у этого человека. Например, он может спросить: «А готов ли я?» На что ответом будет: «Мы никогда не бываем полностью готовы». Некоторые говорят: «Я не достоин». Наш ответ может быть таким: «Мы все недостойны. Именно поэтому Иисус и умер за нас». Чаще всего люди говорят: «Со мной этого никогда не произойдет». Например, они хотят получить дар иных языков, но считают, что этого не произойдет, потому что они никогда не умели разговаривать на другом языке. И опять же мы должны укрепить их веру, напомнив о Божьих обетованиях (см. 1 Коринфянам 14:2, 4, 14; Матфея 7:11). Один из аспектов веры – это, узнав обетование Божье, осмелиться в него поверить.

Когда мы молимся за человека, то стоим к нему лицом и, если он не возражает, возлагаем на него руки.

Затем, не закрывая глаз, просим прийти Духа Святого. Когда мы видим признаки Его действия в человеке, то ожидаем от Бога дальнейшего руководства. Не произносите молитвы типа «понемногу обо всем», потому что это уводит от главного. Вместо этого тихо спросите у Бога, что Он хочет, чтобы мы сделали или сказали, как Он хочет, чтобы мы ободрили человека, и какие дары Он хочет этому человеку передать.

На *Альфа* уик-энде мы часто молимся, чтобы люди приняли дар иных языков (см. «Вопросы жизни»). Не потому, что этот дар самый важный, но потому, что *Альфа* курс рассчитан на начинающих, а дар языков – обычно первый дар, который получает человек. Это не показатель того, что ты христианин, и не главный признак того, что ты исполнен Духом. Дар иных языков не вводит в духовную элиту. Однако мы знаем из Библии и из своего собственного опыта, что часто это первый сверхъестественный дар Духа, который люди получают. Согласно нашему пониманию Нового Завета, дар языков доступен для всех христиан, и потому мы с уверенностью можем молиться за то, чтобы люди получили этот дар. Если кто-то испытывает страх или нерешительность, об этом можно поговорить в малой группе. Я обычно спрашиваю членов малой группы, есть ли среди них те, у кого в отношении языков есть опыт, плохой или хороший. Если такие люди имеются, я прошу их рассказать об этом. Обычно есть тот (как правило лидер или помощник), кто говорит на языках сам и способен объяснить, что это такое и в чем преимущество такого дара. По опыту знаю, что самый большой барьер – психологический: произнести первый звук.

Если человек произносит первый звук, все остальное обычно приходит само собой. Для того чтобы помочь людям преодолеть барьер, я объясняю, в чем заключается трудность, и предлагаю повторять то, что говорю я или другой, который молится. Я начинаю говорить на языках медленно, так чтобы человек мог повторить. Произнеся первый звук, он обычно начинает молиться на своем языке. Я прошу его сконцентрироваться на своих отношениях с Богом и попытаться, по возможности, не стесняться. Он должен полностью сконцентрироваться на том, чтобы хвалить Господа на новом языке, который Бог ему дал.

После того как мы закончили молиться об исполнении людей Святым Духом, о получении дара, об исцелении или о чем-либо еще, мы должны спросить, что с ними происходит и что они чувствуют. Скажите им, что нужно всегда держаться за Божие обетование, и предупредите о возможных искушениях. Мы не верим, что «ничего не произошло». Они, может быть, еще не знают об этом, но, когда мы просим Духа Божия прийти, Он приходит. Может быть они почувствуют изменения спустя несколько часов или даже дней, но что-то обязательно произойдет. Необходимо вдохновить людей, за которых мы молились, чтобы они не исчезали и сообщали нам, как идут дела. Конечно, это не единичное переживание, и они должны исполняться Духом постоянно (см. Ефесянам 5:18).

Возможности для служения

Много служить приходится на уик-энде. В самом начале уик-энда мы обычно уделяем время тому, чтобы укрепить веру людей и помочь им разобраться с трудностями. В пятницу вечером мы немного говорим о Святом Духе, основываясь на Евангелии от Иоанна 15:26. Я пытаюсь сделать сообщение об этом кратким и доступным для понимания, поскольку люди часто приезжают уставшими после напряженной трудовой недели и длинного путешествия.

В субботу утром мы рассматриваем вопросы «Кто такой Дух Святой?» и «Что делает Дух Святой?» (см. «Вопросы жизни», главы 8 и 9). Затем в 12.15 мы расходимся по малым группам и рассматриваем 1 Коринфянам 12:1-8, чтобы обсудить сверхъестественные дары Духа.

В субботу днем есть возможность для беседы с опытным (хотя и не профессиональным) консультантом. Мы составляем список консультантов, и люди могут обратиться к ним, если у них есть вопросы, которые нужно разъяснить, трудности, требующие разрешения, или если есть нужда в молитве. Во время этих встреч некоторые отдают свою жизнь Христу, кто-то исполняется Духом, другие получают новые дары.

В субботу вечером (в 17.00) я рассказываю тему «Как я могу быть исполнен Духом Святым?» (глава 10 книги «Вопросы жизни»). В конце выступления я объясняю, что собираюсь пригласить Святой Дух прийти, чтобы Он наполнил тех, кто хочет быть наполнен, и дал дар иных языков тем, кто хочет его получить. Я прошу всех, кто хочет этого, встать, закрыть глаза и, может быть, немного вытянуть вперед руки. Язык нашего тела часто выражает то, что мы чувствуем. Мы протягиваем руки, когда готовы получить подарок: таким образом человек жестом говорит Богу, что хочет получить Его дар.

Потом я произношу молитву, которую желающие могут повторить в своем сердце. Это молитва покаяния, веры и посвящения Иисусу Христу. Затем я прошу Святой Дух прийти и наполнить тех, кто пригласил Его в свою жизнь. Мы ожидаем и наблюдаем, как Он приходит и делает то, что хочет. Это всегда происходит поразному, и каждый раз я удивляюсь, наблюдая, как Бог действует среди нас. Иногда проявления Духа очевидны. Бывает, что люди настолько потрясены действием Святого Духа, что им трудно стоять. Других так глубоко касается любовь Бога, что у них по щекам катятся слезы. Третьи настолько наполнены радостью, что задыхаются от смеха. У четвертых нет внешних проявлений, но работа Бога в их сердцах приносит мир и глубокую уверенность в Его присутствии и любви. В итоге все получают ободрение, никто не чувствует себя виновным или второсортным, ни у кого не складывается впечатления, будто его втянули во что-то против воли.

В конце курса я раздаю анкету с вопросами: а) были ли вы христианином до начала курса? и б) как вы описали бы свое состояние сейчас? Если произошла перемена, я спрашиваю, когда это случилось. Для многих решающим моментом становится субботний вечер уик-энда. Вот пять примеров того, как люди, побывав на *Альфа* уик-энде, описали свои переживания:

- «После изучения темы «Как я могу быть исполнен Духом Святым?» мы все встали, и Святой Дух пришел. Я чувствовал реальное присутствие Бога, поэтому попросил Иисуса войти в мое сердце, и с тех пор Он – там... Неожиданно я получил новое понимание жизни».

- «Перемена произошла в субботу вечером, во время служения. Я был исполнен Святым Духом. Я ощущал себя белым полотном, с которого стерли всю грязь, а потом яркий свет пронзил все мое тело – это было чувство, заставившее меня поднять вверх руки».

- «Я был христианином лишь в разуме. Все изменилось на *Альфа* уик-энде, когда Бог лично заговорил со мной. Я попросил у Него Святого Духа, и результат превзошел все мои ожидания».

- Человек, который был членом движения «Новый век», пройдя *Альфа* курс, сказал, что перемена произошла в субботу вечером, когда «Дух потряс меня с головы до пят».

- «Я удивительным образом ощутил, как Святой Дух очищает меня, освобождает, отбрасывает мои грехи и дарит Свою любовь; ставит меня на новую платформу, дает новую жизнь. 20 февраля я по-настоящему начал жить!»

В конце субботнего вечера мы обращаемся к Богу в песнях благодарения и хвалы. Иногда мы поем на языках. Я объясняю, что то, как мы все вместе поем на языках, отличается от того, как мы вместе на них говорим. Говорение на языках без истолкования – личное переживание, которое испытываем мы сами. Пение на языках – это совместная хвала и поклонение Богу, которым руководит Дух Божий. Иногда пение звучит так прекрасно, что кажется почти ангельским. Это также замечательная возможность получить дар иных языков. Люди начинают петь хвалу Богу на языке, который Он им дает.

Обычно в субботний вечер *Альфа* уик-энда мы не молимся за кого-то индивидуально, если только человек специально не попросит об этом (что многие часто и делают). Вместо этого после ужина у нас начинается вечер отдыха, организованный кем-то из команды. Это подходящее время, чтобы расслабиться и повеселиться на сцене или в зале. Мы приглашаем к участию всех желающих. Обычно это «коктейль» из музыки, шуток и забавных сценок. Качество подготовки иногда оставляет желать лучшего, но очень весело – всегда. Мы стараемся, чтобы настрой вечера в целом был позитивным и созидательным.

В воскресенье утром, в 9.45 мы на короткое время встречаемся в малых группах, чтобы убедиться, что все счастливы, а также чтобы обсудить трудности или вопросы, которые могли возникнуть накануне, а в 10.30 начинаем наше камерное хлебопреломление. Мы начинаем с хвалы и молитвы. Затем по плану беседа на тему «Как мне жить дальше?» (см. «Вопросы жизни», глава 15). В заключительной части служения я приглашаю людей посвятить Богу все стороны своей жизни, как сказано в Римлянам 12:1: «Представьте тела ваши в жертву живую». Ведь это единственно верный ответ на все, что Бог сделал для нас. Иногда этот призыв называют «беседой, открывающей сердца». Есть мнение, что ее нужно проводить перед темой об исполнении Духом; потому что, когда мы открываем все двери нашего духовного дома, Он наполняет каждую его часть Своим Духом. Уверен, в этом что-то есть, но, судя по Писанию, всегда начинает Бог, а мы отвечаем. Он благословляет нас по абсолютной благодати и милости, а мы отвечаем, отдавая себя из любви к Нему. Когда мы начинаем понимать и переживать любовь Божью к нам во время исполнения Духом, нашим единственно правильным ответом будет отдать Ему все, что мы имеем.

После беседы мы приветствуем друг друга. Здесь появляется небольшой перерыв, когда мы можем пообщаться. К этому времени у нас есть о чем поговорить, о чем посмеяться, и обсуждение обычно проходит весьма бурно! После отдыха мы поем песню хвалы. Затем собираем пожертвования, которые покрывают расходы тех, кто не смог оплатить весь уик-энд или его часть. Самое потрясающее в этих уик-эндах то, что мы почти всегда собираем достаточную сумму пожертвований, чтобы покрыть расходы тех, у кого не хватает средств. Люди с самого начала учатся, что в христианской семье имеющие больше должны помогать имеющим меньше.

Затем я объясняю, что такое причастие (см. «Вопросы жизни»). Это хорошая возможность рассказать людям о главном таинстве христианства. Потом мы приглашаем тех, кто знает и любит Иисуса Христа, принять причастие, независимо от их деноминации или от их прошлого. Мы раздаем хлеб и вино и просим людей, по каким-то причинам не желающих участвовать в вечере, просто передавать их соседу. Многие рассказывают, насколько прекрасным находят это простое действие и какое единство оно приносит. Некоторые, вкушая хлеб и вино причастия, впервые ощущают Божью любовь.

Когда причастие закончено, я приглашаю людей встать и вновь попросить Святого Духа, чтобы Он пришел и продолжил работу в нас. Через какое-то время члены команды начинают молиться за всех желающих. На этой стадии очень важно, чтобы каждый член команды имел смелость и уверенность подходить и молиться за участников своей группы. Молитва какое-то время продолжается. Заканчивается служение обычно в 13.00 песней и благословением, но молитва за нуждающихся в этом продолжается, в то время как остальные идут обедать.

После обеда в 14.00 мы вновь на пять минут собираемся, чтобы поблагодарить хозяев, решить административные вопросы, а также договориться о встрече на вечернем служении (если у людей есть возможность прийти). Передние ряды в церкви сохраняются для тех, кто был на уик-энде. Для многих это первое посещение церкви, и оно всегда приносит ощущение праздника. Действие Святого Духа продолжается, и многие исполняются Им и получают дары уже во время вечернего служения или после него.

Еще одна отличная возможность для гостей *Альфа* курса научиться служить другим – это вечер исцеления (см. «Вопросы жизни», глава 13), который устраивается на девятой неделе. Вечер идет по обычной программе до 21.00. Но потом мы не расходимся по малым группам, а остаемся вместе, чтобы практиковать служение исцеления.

К этому времени мы рассказываем, как у нас принято молиться за исцеление (см. «Вопросы жизни», конец главы 13). Объясняем, что иногда Бог дает слово знания (1 Коринфянам 12:8), которое указывает, за кого мы должны молиться по Его воле, и помогает нашей вере в этом вопросе. Мы обнаружили, что люди получают это слово различными способами. Некоторые видят картинку той части тела, которую Бог хочет исцелить. Другие ощущают побуждение молиться, иные слышат или видят слова. Мы установили, что один из самых распространенных способов получения слова знания – это то, что мы называем «сочувственной болью»: кто-то чувствует боль в своем теле и знает, что на самом деле это не его боль.

Саймон Диксон, который позже стал органистом в нашей церкви, ощущал острую боль при движении челюсти и шеи или при прикосновении к ним. Боли мучили его в течение полутора лет, и его уведомили, что это неизлечимо. Он прошел множество медицинских обследований, но врачи не смогли установить причину болезни. Они думали, что, возможно, это опухоль мозга. В конце концов ему поставили диагноз «слуховая невралгия». Он принимал множество лекарств, что сказалось на зрении. Женщина из нашей церкви по имени Эмма почувствовала боль в челюсти, которая, как она подумала, являлась сочувственной болью, а следовательно, словом знания. В результате молитвы за исцеление Саймон Диксон перестал принимать лекарства, а после дальнейшей молитвы был полностью исцелен. С тех пор у него превосходное здоровье.

После этого рассказа мы спрашиваем, ощущает ли кто-нибудь, что у него есть слово знания. Обычно откликаются многие (часто относительно молодые христиане, которым, слава Богу, не успели внушить, что Бог не говорит со Своим народом в наши дни). Они ожидают от Господа, что Он будет говорить к ним, и Он говорит.

Мы записываем все полученные слова знания. Иногда зачитываем весь список, пункт за пунктом, спрашивая людей, относится ли к ним какой-то из этих пунктов (стараясь, конечно же, их не смущать). В других случаях мы сразу просим всех тех, для кого предназначено то или иное слово, встать.

Затем предлагаем кому-нибудь из тех, кто откликнулся, выйти вперед, чтобы за него молились. Выбираем двух или трех опытных людей, чтобы они, молясь за этого человека, показали пример молитвы за исцеление. Ведущий вечернее служение объясняет все, что происходит.

Потом мы формируем небольшие группы молитвенников (по два-три человека) для молитвы за каждого, кто откликнулся на слово знания. Мы стараемся, чтобы те, кто получил конкретное слово знания, молились за тех, кто на него откликнулся. К этому времени практически каждый из посещающих курс участвует в служении. Если кто-то остался незадействованным, мы предлагаем ему присоединиться к группе тех, кто наблюдает за происходящим и учится.

Очень приятно видеть, как те, кто совсем недавно пришли ко Христу, молятся, часто с великой верой, за других, находящихся в таком же положении, как они. На подобных вечерах мы видели несколько замечательных исцелений. Почти всегда кто-то произносит молитву покаяния. Один подросток по имени Билл привел на *Альфа* курс свою маму Джуди, которая не была христианкой. Ей курс понравился, но она все еще с сомнением относилась к вопросу об исцелении. В тот вечер было слово знания о поврежденном плече. Она откликнулась на это слово и – была исцелена. Позже она сказала: «Многое из того, что произошло со мной на *Альфа* курсе, было ответом на молитвы, но я продолжала думать, что это лишь совпадения. Только исцеление заставило меня осознать, что больше невозможно все это расценивать как совпадения. Я помолилась в сердце и посвятила себя Богу». С того времени она помогает на многих *Альфа* курсах, все более активно участвуя в делах организации и управлении.

Служение Духа – главное на занятиях *Альфа* курса. Без Него *Альфа* курса быть не может. Мы обнаружили, что Бог снова и снова отвечает на простые просьбы о том, чтобы послать Его Дух. Результатом всегда являются удивительные и глубокие перемены в жизни людей. Мы продолжаем видеть, как люди отдают свою жизнь Иисусу Христу, исполняются Духом, как Иисус покоряет их сердца, и они приводят своих друзей на очередной курс.

Приложение A

Администрирование

Филиппа Пирсон Майлз

На *Альфа* курсе много тяжелой работы, которая делается «за кулисами». Все виды деятельности очень важны. Наша цель – сделать все, что требуется, на 100% правильно. Гости, которые приходят, обязательно заметят, как мы стараемся, и с каким знанием дела все приготовлено.

Некоторые части этой главы применимы только к курсам с большим количеством участников, где руководитель первым делом должен назначить администратора.

Определите дату

Убедитесь в том, что ваш *Альфа* курс не совпадает по времени с другими праздниками, из-за которых люди могут не прийти (например, Рождеством, Пасхой, а также летними отпусками). Помните, что надо выделить достаточно времени на три подготовительных семинара перед началом *Альфа* курса и на праздничный ужин после завершения курса.

Приготовьте пригласительные брошюры/письма

Подготовьте брошюру, привлекающую внимание, в которой будет содержаться вся необходимая о курсе информация. На обложке можно поместить логотип *Альфы*. Как один из вариантов, вместо брошюры можно составить для каждого участника простое письмо с подробным расписанием всех мероприятий курса и с отрывным листом в конце (при помощи которого каждый может подтвердить свое участие). Также можно приобрести готовые *Альфа* приглашения, на которых дополнительно печатается информация, касающаяся очередного курса. По всем вопросам можно обратиться в *Альфа* офис.

Формирование команды

Во-первых, поговорите с лидерами домашних групп вашей церкви и попросите их порекомендовать вам людей, которые, по их мнению, были бы хорошими лидерами и помощниками на *Альфе*. Очень важно не ошибиться в выборе (см. главы 3 и 5). Следует подчеркивать важность регулярного посещения курса, потому что, если лидеры не появляются регулярно, нет смысла ожидать этого от гостей.

Отметьте, что их участие в служении потребует,

кроме десятинедельного курса, участия в трех подготовительных семинарах, каких-то общих мероприятиях вместе с участниками. Также им нужно будет заботиться о людях после завершения *Альфа* курса, ввести их в домашнюю группу и в церковь. Настаивайте на том, чтобы все лидеры и помощники прошли все три подготовительных семинара. Если они не могут прийти, попросите их прослушать запись семинара на кассете. Даже если некоторые члены вашей команды уже помогали на предыдущих *Альфа* курсах, им все равно надо посетить все подготовительные занятия каждого нового курса. Если кто-то из лидеров уже 20 лет ведет домашнюю группу, убедите его в том, что малая группа на *Альфа* курсе – это совсем другое дело. Попросите лидеров и помощников регулярно молиться за каждого члена их группы.

Подготовка лидеров групп

Выполнение этой задачи может потребовать большого количества времени, поэтому позаботьтесь о нем заранее. Вежливо, но твердо сообщите членам команды, что каждый должен быть готов исполнять любую работу от ведения группы до мытья посуды.

Формируйте группы по возрастному признаку и хорошенько продумайте их состав, учитывая сбалансированность характеров, социальное происхождение, профессии и т.д. Желательно также, чтобы члены команды были из одной домашней группы, чтобы они могли общаться с гостями *Альфы* и после ее окончания, но это не всегда осуществимо на практике. Лучше всего составить команду, которая хорошо работала бы сообща. Если можно, попробуйте в каждой группе выделить своего администратора, желательно, чтобы это был человек, одаренный в данной области, и чтобы он обязательно мог каждую неделю приходить на все административные/молитвенные собрания.

Реклама

Самая эффективная реклама *Альфа* курса – праздничный *Альфа* ужин в качестве его завершения. Гости могут привести сюда своих друзей, чтобы те могли увидеть, чем они были заняты последние два с половиной месяца. (Более подробно об *Альфа* ужине сказано далее в этом приложении.)

Два воскресенья перед началом курса проводятся гостевые и *Альфа* служения. В Церкви Святой Троицы в Бромптоне служение первого воскресенья проводится так же, как и все обычные воскресные служения, только на нем немного рассказывается об *Альфа* курсе, а также можно услышать свидетельства тех, кто уже прошел курс. Второе воскресенье мы посвящаем гостевому служению, которое специально предназначено для того, чтобы члены церкви приводили своих друзей и родственников. Служение делается максимально простым, а проповедь носит евангелизационный характер и обращена к неверующим людям. Здесь тоже рассказывается об *Альфе*, и люди, прошедшие курс, рассказывают о своих впечатлениях. Всем гостям раздают рекламные буклеты и брошюры «Почему Иисус?». Члены команды служения надевают майки с логотипом *Альфы*, и гости могут подойти к ним, чтобы задать интересующие вопросы.

Предлагаемое расписание гостевого служения:

18.30 Приветствие
18.35 Хвала и прославление
18.50 Молитвы

18.55	Краткий рассказ о том, что такое Альфа-курс и свидетельства тех, кто только что прошел его. Мы считаем, что в этот момент больше ни о чем говорить не нужно.
19.05	Гимн или песня прославления
19.10	Чтение
19.15	Проповедь
19.35	Гимн или песня прославления
19.40	Заключительная молитва, благословение, возможность помолиться за каждого индивидуально

Опыт других церквей показывает, что определенный результат приносит объявление, опубликованное в церковной газете. Также каждому жителю вашего района можно послать персональное приглашение.

Размещение гостей в группах

Скорее всего у вас будет совсем немного информации о ваших гостях. Из заполненной ими анкеты вы узнаете только их имя, адрес, номер телефона, примерный возраст и почерк!

Помните, что каждый из этих людей – индивидуальность. В церкви Святой Троицы в Бромптоне мы молимся практически за каждую заполненную анкету и просим Божьего водительства относительно того, в какой группе должен быть тот или иной человек. Если кому-то не понравится в группе, он может не прийти в следующий раз, так что очень важно разместить людей правильно. Если вы считаете, что следует перевести кого-то из одной группы в другую, то сделайте это на первой неделе, иначе это внесет разлад и в ту, и в другую группу.

Если кто-то из гостей оказался другом члена команды, попытайтесь узнать об этом госте как можно больше – это поможет вам поместить его в нужную группу. В большинстве случаев лучше не отправлять гостя в ту группу, где служит его друг, потому что в таком случае человек может чувствовать себя скованно и бояться задавать вопросы. Супружеские пары всегда должны находиться в одной группе. Постарайтесь организовать время так, чтобы оставить задачу распределения гостей на последний день перед началом курса. Таким образом, люди, приславшие анкеты в последний момент, будут внесены в список, распределены по группам, и для них тоже будут напечатаны именные карточки.

Помещение

Одна из характерных особенностей *Альфы* – умение избегать «церковности» даже в помещении церкви. Сложно заставить церковный зал выглядеть уютно. Используйте обычные лампы; принесите цветы; накройте столы; пусть комната будет хорошо прогретой, но не душной; расставьте столы так, чтобы члены каждой группы могли принимать пищу вместе. Убедитесь, что на том месте, где будет находиться выступающий, достаточно света, и что все смогут его хорошо слышать. Возможно, для этого понадобится звуковая аппаратура. Также проследите за тем, чтобы люди могли оставить где-то верхнюю одежду и свои сумки, не тревожась за их сохранность.

Полезно развесить указатели с информацией, как пройти в туалет, к книжным стендам и к комнатам для собраний малых групп. Если это необходимо, повесьте на стену план помещения.

Первый вечер

Члены вашей «команды приветствия» будут первыми, кого увидят гости. Часто люди приходят с уже сложившимися представлениями о том, какими должны быть христиане, так что когда с ними здоровается «нормальный» человек, это их удивляет. Поэтому очень важно, чтобы первое впечатление было хорошим.

Вашим приветствующим понадобится список всех гостей в алфавитном порядке с именами лидеров их групп и номерами групп. Им надо будет знать, сколько мужчин и сколько женщин в каждой группе. Это оказывается полезным, когда приходят неожиданные гости, и их надо очень быстро распределить по группам. Приветствующим нужно знать, кто является лидером и помощником в каждой группе, и у них должен быть список и план, где располагается каждая группа.

В конце первого вечера курса все лидеры и помощники должны собраться, чтобы вместе обсудить и осмыслить происходившее в течение вечера.

Именные карточки

У каждого человека должна быть именная карточка со своим именем и номером группы. (Позаботьтесь о том, чтобы имена были написаны правильно – это очень важно). Поставьте столик с карточками, разложенными в алфавитном порядке, и назначьте одного или двух людей на их раздачу. Выдайте членам команды карточки другого цвета для того, чтобы гости могли узнать их среди остальных и в любое время при необходимости задать вопрос. Сделайте также несколько запасных карточек и список неожиданных гостей, чтобы для них уже к следующей неделе карточки были готовы. Мы считаем, что имеет смысл прикреплять карточки в течение трех первых встреч.

Сопровождающие

В зависимости от количества человек и типа помещения, в котором проходит курс, вы должны определить, на какой стадии вам понадобятся сопровождающие. Вам надо будет набрать команду сопровождающих (они будут провожать людей от двери до места собрания групп), возглавляемую хорошим руководителем. Работа этой команды особенно важна первые три недели. Не привлекайте для этой цели лидеров малых групп, которым надо находиться на месте собрания своей группы и приветствовать приходящих людей. Опять же, не забывайте, что очень важно первое впечатление. Сопровождающий должен быть внимателен, помнить имя, номер и место собрания каждой группы. Приветствующий должен представить гостя сопровождающему, который поможет ему найти свою карточку на столике и отведет до места проведения группы, где представит лидеру группы. Затем сопровождающий должен быстро вернуться к основному входу. Безусловно, приветствующие и сопровождающие должны быть дружелюбны, но немногословны, поскольку гостям это может показаться лишним в первый вечер.

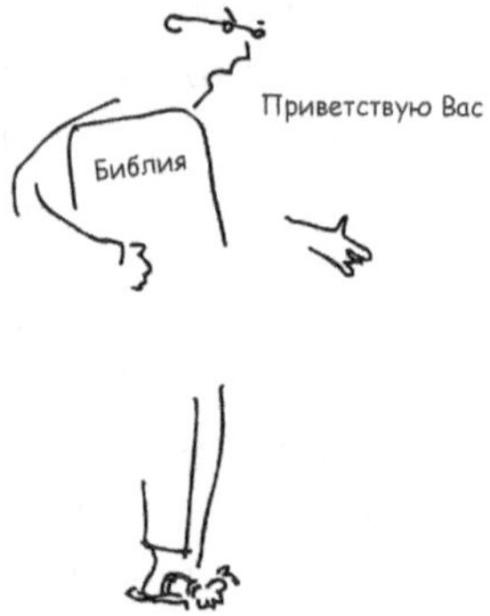

Список адресов

Мы выдаем каждой группе чистый бланк, в который вписываются имена, адреса и контактные телефоны гостей. Однако следует заверить всех участников, что их почтовые ящики не будут засорять излишней корреспонденцией и им не будут названивать, если они перестанут ходить на курс. Эти списки затем перепечатывают и в первые четыре недели один экземпляр выдают руководителям групп. Это делается для того, чтобы можно было понять, кто кого может «подбросить» на машине и как найти человека, если возникла какая-то проблема. Мы не раздаем эти списки каждому члену группы; если кто-то хочет обменяться адресами и телефонами, они могут сделать это самостоятельно. Если гость звонит в церковный офис и просит дать ему номер телефона другого гостя, мы этого не делаем ни при каких обстоятельствах.

Книжный стол

В конце брошюры-конспекта, выдаваемой каждому гостю, есть список рекомендуемых для чтения книг. В идеале, книжный стол должен быть открыт в течение всего вечера (кроме времени изложения темы). Убедитесь, что диски с записями пройденных тем выставлены на столе, чтобы люди, пропустившие эти темы, могли их приобрести.

Казначей

Казначей (бухгалтер) должен вести все счета. Он (или она) также должен будет выставить корзины для пожертвований на расходы, необходимые, чтобы приготовить ужин для каждого *Альфа* вечера, и считать их в конце каждого вечера. Далее, ему надо будет организовать сбор средств на проведение уик-энда и заключительного праздничного ужина.

Лидер прославления

Ведущий прославления должен отвечать за остальных музыкантов, за песенники или за то, чтобы размещать слова песен на экран с помощью проектора. Возможно, он также будет отвечать за звуковую аппаратуру и копирование дисков с темами. Он должен позаботиться и о том, чтобы кто-то вел прославление на уик-энде.

Администратор/организатор уик-энда

За 2-3 недели до уик-энда каждой группе выдается бланк, в который нужно вписать людей, желающих на него поехать. Включите в бланк графы для следующей информации: стоимость, дата, скидки на детей и т.д. Возможно, есть люди, которые соблюдают диету или являются вегетарианцами, могут быть и другие особые просьбы – нужно выяснить все это заранее.

Убедитесь в том, что у каждого есть план местности

и программа уик-энда.

- Оговорите с руководством дома отдыха следующие вопросы:

  постельное белье;
  полотенца;
  мыло;
  возможность диетического меню;
  книжный столик – выясните, как администрация относится к тому, что вы будете продавать книги;
  вино для причастия;
  звуковая аппаратура;
  записывающее оборудование;
  аппарат для проектирования текстов песен на экран;
  спортинвентарь;
  места, где могут собираться малые группы

- Договоритесь о том, чтобы кто-то занимался с детьми (призывайте людей привозить с собой детей, если они хотят)

- Договоритесь о том, чтобы кто-то организовал в субботу вечер развлечений (концерт-капустник или что-то подобное)

- Договоритесь, чтобы кто-то организовал спортивные мероприятия в субботу днем

- Условьтесь, кто будет консультировать людей в субботу днем

- Не забудьте взять с собой калькулятор

- Не забудьте взять с собой песенники

- Напомните гостям взять с собой *Альфа* конспекты, Библии и спортинвентарь

- Возьмите запасные экземпляры Библии и конспекты

- Не забудьте взять с собой корзины для пожертвований

- По возможности свяжитесь с церквями, которые также проводят *Альфа* курс в вашем регионе, и попробуйте организовать совместный уик-энд.

- Постарайтесь, чтобы цены были умеренными. На уик-энд приезжает много народу, и у вас есть все основания требовать «оптовых» расценок

- Тех, кто не может себе позволить заплатить полную стоимость, попросите заплатить столько, сколько они могут. Сбор пожертвований в воскресенье практически всегда покрывает недостающую сумму.

- Не забудьте купить небольшой подарок для работников дома отдыха.

- Составьте план размещения людей в комнатах на ночлег.

Ужин – 19.00

Ужин – очень важная часть *Альфа* курса. Люди часто чувствуют себя не столь напряженно, если у них есть возможность просто поболтать за ужином. Некоторые признаются, что поначалу приходили на курс лишь из-за того, что им нравилась еда; так что стоит поддерживать качество ужина на высоком уровне!

В зависимости от количества участников вы можете просить членов групп готовить ужин по очереди. При большом количестве участников (120 и более) ужины можно заказывать. (Проследите, чтобы у вас было достаточно тарелок, чашек, вилок, ложек, чая, кофе, сливок, десерта и прочего.)

Если у вас нет вспомогательной команды, то группа, приготовившая еду на этой неделе, моет посуду и наводит порядок. Если вы заказываете ужин, работы будет не много.

Если группа готовит ужин сама, всегда можно сделать так, чтобы цена была умеренной. Поставьте корзины для пожертвований на местах раздачи еды и отдайте деньги тем, кто внес свои средства при покупке продуктов. Если вы заказываете ужины, то соберите с каждого человека определенную сумму или попросите каждого внести столько, сколько он может себе позволить. Для ужинов могут подойти простые макаронные блюда, пироги, гуляш и пицца. Убедитесь, что у вас есть что-то вегетарианское.

Вспомогательная команда

Цель вспомогательной команды – обеспечить практические нужды *Альфа* курса. Несколько человек из команды служения берут на себя выполнение самых приземленных обязанностей, но не стоит лишать их возможности присутствовать там, где им нравится. Вспомогательная команда необходима для того, чтобы все проходило гладко. Приглашайте участников этой команды слушать изложение темы, поддерживайте и хвалите их как можно чаще. Всегда высоко цените вспомогательную команду! Важно не ошибиться в выборе координатора вспомогательной команды, задача которого – распределять обязанности среди членов команды и осуществлять над ними пасторскую опеку.

Вспомогательная команда должна следить за тем, чтобы не было недостатка в Библиях и конспектах, и при необходимости сразу же их раздавать. Каждый гость должен получить бесплатный *Альфа* конспект. Приготовьте стопку Библий для каждой малой группы. Вспомогательная команда может также помогать на стоянке для приезжающих на машинах – важная задача! (Не забудьте, что те, кто будет приветствовать людей на стоянке, будут первыми, кого увидят гости.) Им также надо следить за тем, чтобы в каждой малой группе было достаточно стульев и чтобы у места собраний каждой группы висела табличка с ее названием или именем руководителя. Надо также убедиться в том, что для опоздавших всегда есть свободные стулья. А в конце вечера задача членов вспомогательной команды – убрать стулья. Кроме того, вспомогательная команда готовит чай и кофе. Каждый член команды должен иметь именную карточку.

Вспомогательная команда занимается и книжным столом, выставляя на нем книги, рекомендуемые участникам. Все *Альфа* книги можно заказать в Московском *Альфа* офисе.

Праздничный *Альфа* ужин

Перед началом самого первого *Альфа* курса проведите праздничный ужин и затем проводите такие ужины в завершение каждого курса, чтобы гости могли пригласить своих друзей. Назначьте одного человека, который координировал и организовывал бы праздничные ужины; напечатайте красивые пригласительные билеты. Они должны быть готовы к седьмой неделе, чтобы гости могли уже тогда раздавать их своим друзьям. В этот же период начинайте сбор средств на праздничный *Альфа* ужин. Каждый должен заплатить за себя и за приглашенных друзей. Соберите команду для организации *Альфа* ужина и еще одну команду для мытья посуды и уборки после ужина. Лучше если это бу-

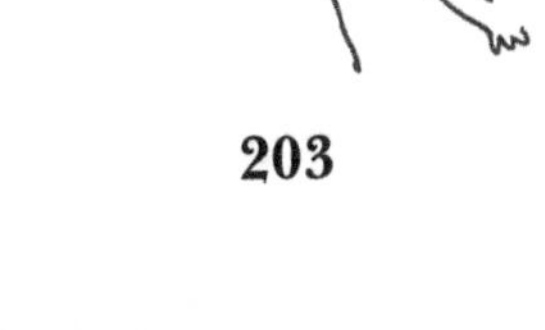

дут люди, не пригласившие своих друзей. Сделайте все возможное с вашей стороны, чтобы создать приятную атмосферу. Спланируйте расположение столов и постарайтесь использовать фарфоровые (а не пластиковые или бумажные) тарелки, бокалы и т.д. Разложите на столах салфетки и расставьте цветы и свечи. Тему следует начать читать во время кофе.

Анкеты

На девятой неделе раздайте каждому гостю анкету (см. Приложение Г). Это поможет вам понять, каким образом Бог действует в жизни людей, и лучше спланировать следующий курс. Одновременно раздайте анкеты лидерам, в которых попросите их написать о каждом госте в их группе (перечислите все имена из списка, даже тех людей, которые не прошли курс до конца). Спросите у каждого лидера, все ли члены его группы закончили курс, и если нет, известно ли, по какой причине. Спросите, собираются ли участники его группы посещать домашнюю группу (если да, то какую именно). Узнайте, кто из членов группы может дать хорошее свидетельство. Выясните, кто смог бы стать хорошим помощником на *Альфа* курсе и не забудьте пригласить таковых на следующий курс.

Филиппа Пирсон Майлз
исполняла обязанности администратора вечернего Альфа курса в церкви Святой Троицы в Бромптоне с 1992 по 1996 год.

Приложение Б

Дневной *Альфа* курс

Дедри Хёрст

Дневной *Альфа* курс проводится в среду днем. Изначально он был предназначен для тех, кому удобнее посещать курс в это время. Кто эти люди – очевидно: те, у кого маленькие дети, у кого свободный график работы или вообще нет работы, а также те, кто предпочитает не выходить из дома поздно. Сначала эти группы состояли из одних женщин, но потом к ней с успехом присоединились несколько мужчин.

Дневной *Альфа* курс показал себя таким же успешным в смысле благовестия, как и вечерний. Проводя этот курс, направленный к сердцу и разуму людей, мы стали свидетелями обращения многих людей ко Христу: как тех, кто раньше был далек от христианства, так и тех, кто всю жизнь «просиживал» церковную скамью, не понимая, что суть христианства – в личных взаимоотношениях со Христом. Одна женщина, помогавшая на курсе, привела двенадцать человек из своей церкви на дневную *Альфу* в церковь Святой Троицы в Бромптоне. Через два с половиной месяца она сказала мне: «Эти люди годами ходили в церковь и за все это время ни на шаг не подошли к действительному покаянию. А за время курса многие обратились и теперь хотят сами участвовать в *Альфа* курсе».

Принципы

Для проведения дневного *Альфа* курса используются те же принципы, что и для вечернего. С той лишь разницей, что несколько по-другому могут быть расставлены акценты, так как курс проходит днем и на нем, как правило, женщины служат женщинам.

Прийти к нам может кто угодно, независимо от его прошлого и настоящего. Как и на вечернем *Альфа* курсе, очень важно создать дружелюбную атмосферу. Мы стараемся сделать все, чтобы людям было легко общаться. Хотя у нас запланирован один завтрак за время каждой встречи, часто участники решают еще и пообедать вместе после занятия – и это признак того, что люди уже стали близко общаться и начали дружить.

Сейчас многие женщины ходят днем на разные курсы: истории, иностранных языков, искусства. Почему бы не предложить им пройти курс основ христианской веры? Оказывается, многие, даже не будучи христианами, взывают к Богу о помощи, в которой нуждаются сами или их близкие, несмотря на то, что они практически не знают Бога и Его силу изменять жизни людей. Как правило, такие люди готовы к молитве, и с ними можно начать молиться раньше, чем с остальными.

Выбор команды и помощников

В данном случае работают те же принципы, что и при формировании команды вечернего *Альфа* курса. Мы выбираем людей, которые имеют представление о том, что происходит на курсе, а также новообращенных христиан, у которых много неверующих друзей. Мы их обучаем, чтобы на следующем курсе они были уже помощниками. На дневном курсе группы могут быть меньше, чем на вечернем: по восемь или даже по шесть человек. В каждой группе у нас два члена команды и один помощник.

Дискуссионные группы

Общение в группах, как правило, нравится участникам курса больше всего. Людям необходимо, чтобы их любили, принимали и прощали. И именно это они получают в своих группах. Многим пришлось пострадать от неправильного обращения. Им нужно место, где они могли бы научиться принимать Божье прощение за то, что сделали в жизни, или за то, чего стыдятся. Здесь они учатся доверять Богу и прощать тех, кто причинил им зло. Людей одного возраста мы стараемся собрать в одну группу. Желательно, чтобы они также жили недалеко друг от друга. Еще мы заметили, что матери любят проводить время с теми, у кого есть дети того же возраста, потому что у них бывают похожие радости и похожие трудности.

Помещение

Как и для проведения вечернего *Альфа* курса, для дневного лучше всего подходит чей-нибудь дом или квартира. Но курс прекрасно может проводиться и в церковном здании. Необходимо только предусмотреть место, где будут находиться дети.

Количество участников

Курс проходит одинаково успешно при любом количестве участников. Наш опыт показывает, что и там, где двадцать человек, и там, где двести, Бог с одинаковой силой изменяет жизни людей.

Печатный материал

Вам понадобятся *Альфа* конспекты по количеству участников и Руководства для лидеров и помощников. Хотя Руководство для лидеров и помощников было разработано для членов команды вечерней Альфы, им с таким же успехом могут пользоваться и служители дневного курса (нужно только исключить Приложение, в котором указаны вечерние часы). Если вы предпочитаете слушать темы на аудиокассетах или смотреть на видео, используйте их тоже.

Вспомогательная команда

Очень важно, чтобы все было хорошо организовано, чтобы были люди помимо лидеров и помощников, которые могли бы сварить кофе, расставить кресла, организовать место и людей, заняться с детьми и, когда понадобится, приготовить завтрак. Необходимо также иметь молитвенную команду, состоящую из членов команды служения, которые могли бы встречаться для молитвы за полчаса до начала курса. Конечно, все члены команды должны молиться за гостей, но, учитывая необходимость подстраиваться под школьное расписание и другие «утренние» дела, придется смириться с тем, что не вся команда будет собираться заранее.

Расписание и приглашения

Дневной курс работает примерно по такому расписанию:

10.00	Кофе
10.20	Приветствие
	Прославление
10.30	Тема
11.15	Короткий перерыв на кофе

11.30 Дискуссионные группы
12.00 Родители забирают детей
12.15 Конец

Мы считаем, что в приглашении на дневной *Альфа* курс, будь то письмо или открытка, должны быть указаны период проведения и время встреч. Например:

Дневной *Альфа* курс
29 сентября – 8 декабря
Приглашаем Вас принять участие в дневном *Альфа* курсе, который начнется 29 сентября. Курс состоит из 10 встреч по средам с 10.00 до 12.00, проводится по адресу:
________________________________.
Здесь Вы сможете узнать об основах христианской веры, выпить кофе, задать в дискуссионной группе любой интересующий вопрос. 10 ноября будет проводиться расширенный семинар с обедом.
Подробности – позже.
Альфа курс предназначен для тех, кто хочет узнать больше о христианской вере или разобраться, что же такое христианство. Это прекрасная возможность познакомиться с новыми людьми и приобрести друзей. У нас есть, с кем оставить детей, поэтому можно прийти вместе с ними.

На дневном *Альфа* курса мы не проводим выездных уик-эндов. Вместо этого часть дня мы посвящаем теме о Личности и работе Духа Святого. Это дает возможность услышать о Духе Святом всем тем, кто не может оставить свою семью на длительный период. Тем не менее, если в вашей церкви одновременно проводится вечерний *Альфа* курс, участники которого собираются на уик-энд, предложите гостям дневной *Альфы* присоединиться к этой группе. Таким образом у них будет еще одна, дополнительная возможность услышать о Духе Святом.

Рекомендуемое расписание Дня с Духом Святым:

9.45 Кофе
10.00 Прославление

10.15 Две темы: «Кто такой Святой Дух?» и «Что делает Дух Святой?», совмещенные в одну
11.00 Перерыв на кофе
11.15 Обсуждение в малых группах (1 Кор. 12)
11.55 Прославление: 2 песни
12.00 Беседа: «Как я могу быть исполнен Духом Святым?»
12.40 Служение людям и поклонение Богу
13.10 Обед
14.00 Малые группы – делимся впечатлениями обо всем увиденном и услышанном
14.30 Окончание

Праздничный *Альфа* ужин в завершение дневного *Альфа* курса

Праздничный ужин в конце курса – это отличная возможность для замужней женщины пригласить своего мужа, который (мы не раз слышали такие истории) уже приятно удивлен переменами, произошедшими в жизни его «половины». Здесь они могут услышать Евангелие в спокойной обстановке. Удивительная особенность дневного *Альфа* курса – многие мужья участниц приходят на вечерний курс и обращаются ко Христу. У нас также бывают и незамужние женщины, которые приводят на праздничный ужин своих друзей.

Плоды дневного *Альфа* курса

За те семь лет, что мы проводили дневной *Альфа* курс, мы видели немало чудесных обращений в веру и исцелений. Чаще всего уже через несколько недель после окончания очередного курса оказывается, что вся семья тех, кто его прошёл, начинает посещать церковь.

Дедри Хёрст
проводит дневной Альфа курс в церкви Святой Троицы в Бромптоне с 1991 года. Также она помогала на многих конференциях, которые проходили в Соединённом Королевстве и за его пределами.

Приложение В

Альфа курс в обеденный перерыв

Такой курс стал очень популярен в последнее время. Его проводят христиане в своих фирмах и офисах. Хотя время здесь строго ограничено, потому что обеденный перерыв обычно длится не более часа, все же и на таких курсах люди обращаются ко Христу. Вполне возможно проводить занятия курса за один час, при условии, что есть спикер, который сократит материал, оставив в нем лишь самое главное, и будет излагать тему не более двадцати минут.

Два возможных расписания

Рассчитанное на один час

12.30 Приветствие, кофе и закуска
12.45 Сокращённый вариант темы или просмотр видеовыступления
13.10 Малые группы/дискуссия
13.30 Завершение

Рассчитанное на полтора часа

12.30 Лёгкая закуска
12.45 Приветствие и объявления
13.00 Тема
13.10 Малые группы
13.30 Завершение (с возможностью продолжить общение)

Приложение Г

Анкета

Имя

Группа

1. Как Вы узнали об *Альфа* курсе? Приходили ли вы на праздничный *Альфа* ужин?

2. Почему Вы решили пройти *Альфа* курс?

3. На скольких встречах курса Вы присутствовали?

4. а) (i) Были ли Вы христианином до того, как начали проходить курс?

(ii) Посещали ли церковь регулярно после того, как стали участником *Альфа* курса?

б) Считаете ли Вы себя сейчас приверженцем христианской веры?

в) Если ответы а) и б) не совпадают, объясните, когда и как произошла перемена.

5. Какую пользу принесло посещение курса (если вообще принесло)?

6. Что Вам больше всего понравилось в *Альфа* курсе?

7. Что было самым трудным?

8. а) Приобрели ли Вы какие-нибудь кассеты? Если да, то какие?

б) Приобрели ли Вы какие-нибудь книги? Если да, то какие?

в) Оказались ли они для Вас полезными, и если да, то чем?

(Пожалуйста, назовите книги или кассеты, которые особенно Вам помогли)

9. Как Вы считаете, что нужно усовершенствовать на *Альфа* курсе?

а) Темы

б) Ведение малых групп

в) Другое

10. Что еще хотелось бы отметить? (Любые ваши комментарии)

Приложение Д

Как избежать семи наиболее распространенных ошибок

Исследования выявили семь распространённых ошибок, которые совершают те, кто проводит *Альфа* курс. Эти ошибки не позволяют *Альфе* быть эффективным средством евангелизации, но мы можем их избежать, следуя приведенным ниже советам.

1. Старайтесь побывать на *Альфа* конференции

Проводить *Альфа* курс, не побывав на *Альфа* конференции – то же самое, что водить машину, не взяв ни одного урока вождения. Мы заметили, что *Альфа* курс проходит гораздо более успешно в церквях, лидеры которых посещают конференции.

Возможно, лидеры, начавшие проводить *Альфа* курс в вашей церкви, уже передали эту ответственность другим. В таком случае новой команде будет полезно побывать на конференции. *Альфа* конференция преследует следующие цели:

а) Разъяснить теологические и практические причины проведения *Альфа* курса.

б) Поделиться опытом, полученным за двадцать лет; рассказать о допущенных ошибках.

в) Организовать необходимое практическое обучение правильного проведения *Альфа* курса.

г) Поговорить о важности:
- поклонения,
- служения,
- выступлений (показать пример проведения *Альфа* вечера),
- молитвенного служения,
- обучения ведению малых групп,

д) Дать возможность участникам помолиться друг за друга.

Если вы никогда не были на *Альфа* конференции, мы будем очень рады, если вы посетите самую ближайшую из них в вашем регионе или ту, которая дважды в год проводится в церкви Святой Троицы в Бромптоне. Часто лидеры предпочитают привозить с собой на конференцию всю команду. Это помогает укрепиться в единстве целей и видения. Подробную информацию об *Альфа* конференциях можно найти в газете «*Альфа* Новости» и на веб-сайте alphacourse.org. (Если по какой-либо причине у вас нет возможности приехать на конференцию, предлагаем вам приобрести набор видео-кассет «Как вести *Альфа* курс».)

2. Уделяйте особое внимание подбору команды

Очень важно правильно выбирать людей для ведения *Альфа* курса – лидеров и помощников. От этого напрямую зависит развитие курса и количество гостей.

Каковы признаки хорошей Альфа команды?

Лидерами и помощниками должны быть люди, которые позитивно настроены, легки в общении и хорошо сходятся с другими, в том числе с теми, кто не ходит в церковь. Тест для лидеров и помощников прост. Спросите себя: «Смогу ли я спокойно позволить своему ближайшему неверующему другу присоединиться к группе с таким лидером/помощником?»

Как избежать «истощения сил»?

Постоянно обновляйте *Альфа* команду. Очень важно наблюдать за новыми людьми: кого-то из них вы сможете пригласить в свою команду. Из гостей с предыдущего курса могут нередко получиться хорошие помощники, а вера их укрепится, если они будут помогать в группе. Те, кто неохотно соглашаются стать помощниками, могут оказаться самыми лучшими кандидатами, поскольку им легче понять, что чувствуют новые участники курса. Даже те, кто сравнительно недавно обратился к вере, могут стать прекрасными лидерами малых групп. Всегда ищите новых лидеров в вашей церкви.

Не забывайте делегировать ответственность в команде

Наблюдайте за дарами других людей и не бойтесь использовать их дары. Это не только поможет вам избежать чрезмерного переутомления, но и поможет другим реализовать свои таланты. Некоторые люди – прирожденные лидеры малых групп. Другим же нравится служить, приготовляя еду, накрывая столы, приветствуя гостей и т.д. Такие люди лучше всего подходят для работы в «группе поддержки». Если курс достаточно многочисленный, «группа поддержки» может даже формировать свою малую группу (можно молитвенную).

3. Продолжайте учиться

Обучение Альфа команды

Ведение *Альфа* группы существенно отличается от ведения любых других церковных малых групп. На *Альфе* акцент делается на обсуждении и участии в этом всех членов группы, в ней никому не отводится роль «учителя». Лидер скорее вдохновляет всех принимать участие в обсуждении.

Обучение *Альфа* команды основано на трех темах:

«Как вести малую группу», «Пасторская опека» и «Служение людям на *Альфе*». Два первых семинара должны проводиться за две недели до начала курса. Мы встречаемся в 19.00 и вместе ужинаем. Таким образом члены команды могут лучше узнать друг друга прежде, чем начнется курс. В 19.45 переходим к поклонению и молитве. Мы постоянно подчеркиваем важность молитвы за курс. После идет выступление на соответствующую тему и вопросы либо по поводу выступления, либо о других аспектах курса. Потом обсуждаются организационные вопросы. Мы также рекомендуем прочитать до начала курса книгу «Вопросы жизни». К 21.45 встреча завершается. Семинар на тему «Служение людям» проходит в таком же формате на неделе, предшествующей *Альфа* уик-энду. Все три темы для обучения *Альфа* команды записаны на видео- и аудио-носителях, а также изданы в виде конспектов. Еще мы советуем всем членам команды прочитать книги «Сложные вопросы» и «Рассказывая другим».

Очень важно, чтобы обучение проводилось перед каждым новым витком *Альфы* и на нем присутствовали все члены команды. Даже для тех, кто проводил *Альфу* раньше, будет полезно освежить всю информацию в своей памяти и познакомиться с новыми членами команды. К тому же, обучающие семинары – замечательная возможность вместе молиться за курс.

Принципы Альфа курса

Опыт показал, что члены команды должны понимать не только «что» и «как» нужно делать на *Альфа* курсе, но и «почему». Идеальный способ достижения этой цели – отвезти всех членов команды на *Альфа* конференцию, которая раскрывает и принципы, и практические вопросы курса. Но если это невозможно, постарайтесь ежегодно вместе с командой просматривать видеопрограмму «Как вести *Альфа* курс».

4. Следуйте рецепту

Альфа курс многократно проверялся и испытывался в самых разнообразных условиях на протяжении более чем двадцати лет. Каждый «ингредиент» включен в него по особым причинам. Курсы, в которых недостает хотя бы одного из компонентов *Альфа* рецепта, например, ужина, в результате оказываются не столь успешными.

- Ужин – важнейший элемент, помогающий гостям расслабиться, подружиться, стать сплоченными.
- Уик-энд или однодневный выезд позволяет гостям задуматься о Личности и работе Святого Духа в непринужденной обстановке, что дает им время осмыслить все, что они услышали или пережили.
- Крайне важно, чтобы во время уик-энда у гостей была возможность отреагировать на услышанное и чтобы за них помолились.
- Вечер исцеления – это время, когда происходит удивительное. Мы заметили, что часто люди на этом вечере бывают более открыты для Святого Духа, чем на уик-энде.
- Включение прославления в программу каждого вечера помогает гостям подготовиться к уикэнду. В некоторых церквях проигрывают компакт-диски, поскольку у них нет своих музыкантов. В других – на начальном этапе используют видеоклипы из серии «Песни хвалы».

5. Не пренебрегайте уик-эндом

Мы настоятельно рекомендуем проводить выездной уик-энд. Даже если возможно провести вместе только один день, эффект будет значительным. Важно не пропустить совместный выезд и тему о Личности и работе Святого Духа.

Исследование, проведенное методистской церковью, выявило прямую взаимосвязь между церквями, которые не включают в программу *Альфа* курса тему о Святом Духе, и теми, кто разочаровался в *Альфе*. Работа Святого Духа имеет огромное значение для *Альфа* курса. Гостям необходимо, чтобы за них молились. Вновь и вновь Бог удостаивает ответа простые просьбы о ниспослании Святого Духа на нас. В результате в жизни людей часто происходят колоссальные перемены. Только благодаря работе Святого Духа люди отдают свою жизнь Христу, наполняются Духом, «влюбляются» в Иисуса и приглашают своих друзей на следующий курс.

Если необходима помощь в проведении уик-энда, свяжитесь с вашим консультантом по *Альфа* курсу. Вам помогут советом, и возможно, даже приедут, чтобы помочь. (Список консультантов приведен в газете «*Альфа* Новости».) Вы также можете проводить уик-энд совместно с другими церквями вашего региона.

6. Планируйте выступления по темам

Важно, чтобы материал был изложен качественно, в приятной атмосфере и в доступной для гостей форме. В идеале должен выступать ваш собственный спикер (или несколько спикеров), проявляя уверенность и чуткость. Очень трудно поддерживать курс, на котором темы плохо подготовлены.

Но подготовка пятнадцати тем в течение десяти недель – задача непростая. В случае отсутствия спикеров можно использовать видеоматериалы. Часто для небольших курсов это идеальный вариант. Во многих церквях первые несколько курсов проводятся по DVD, а только потом темы начинает читать собственный спикер.

7. *Продолжайте проводить Альфа курс*

Альфа курс – это долговременная стратегия. Если он проводится достаточно долго, то становится источником постоянного притока новых людей. Опыт показал, что церкви, неотступно проводящие курс три раза в год, даже несмотря на уменьшение числа гостей, наблюдают планомерный рост.

Приложение Е

Молитва и *Альфа*

Молитва

Пастор Дач Шитс писал: «Проповедь евангелия без молитвы подобна гранате без детонатора. Молитва без проповеди – как детонатор без гранаты». Молитва лежит в основе успеха любого *Альфа* курса, и многие церкви стали свидетелями значительного роста на своих курсах, когда стали уделять этому внимание. Вот пять наиболее важных направлений для молитвы:

1. Лидеры и помощники молятся за каждого участника своей малой группы

Лидеры и помощники не только посвящают себя служению в течение десяти вечеров и уик-энда. Их ответственность еще и в том, чтобы регулярно молиться за гостей из своей группы. Лучше всего делать это ежедневно во время личной молитвы. Мы считаем, что если в группе восемь гостей, там в идеале должно быть два лидера и два помощника. Таким образом, каждый лидер или помощник молится за двоих гостей. Лидерам и помощникам удобнее всего молиться за людей своей группы, так как они знают об их нуждах.

2. Лидеры и помощники вместе молятся за свои малые группы

Кроме того, лидеры и помощники каждой малой группы могут встречаться (например, перед церковным собранием в воскресенье или в какое-то другое удобное время) и молиться за курс. Это помогает объединиться команде лидеров малой группы. Совместная молитва также усиливает индивидуальные молитвы, о которых говорилось выше.

3. Лидеры и помощники молятся вместе перед началом вечера

Альфа команда должна встречаться для молитвы и краткой беседы каждый вечер курса до прихода гостей. Темы для молитвы обычно ясны: уик-энд, праздничный ужин и т.д. Очень важно молиться за вечер, тема которого «Исцеляет ли Бог сегодня?». Членам команды нужно ожидать от Господа слов знания, видений и т.п. Об этих откровениях можно рассказать после выступления спикера и предложить помолиться за людей.

4. Молитва на пятой неделе (тема «Как и зачем мне молиться?»)

На пятой неделе в теме «Как и зачем мне молиться?» гостям рассказывается о теологии молитвы, дается пример молитвы и обсуждается практическая сторона этого вопроса. Прежде всего речь идет о личной молитве. Это хорошая отправная точка, так как гости учатся общаться с Богом. Когда молитва становится уже более естественной частью жизни людей, можно начинать молиться вместе в группе. Но не пытайтесь вести молитву в группе раньше, чем наступит заключительная часть вечера, посвященного этой теме. Возможно, ваша группа будет не готова к совместной молитве, пока не закончится уик-энд со Святым Духом. Если возможно, постарайтесь помолиться вместе хотя бы один раз до темы «Исцеляет ли Бог сегодня?»

Как молиться в малой группе. Не торопитесь! Будьте внимательны к духовному состоянию людей. Если вы хотите начать вечер с молитвы, то можете, например, сказать: «Я попросил Джона начать собрание с молитвы». Таким образом, остальные гости не будут бояться, что лидер без предупреждения потом попросит молиться и их. Помните, что молиться вслух в первый раз бывает очень непросто.

Когда вы замечаете, что группа уже готова молиться, предложите для этого разделиться людям по трое (мужчины и женщины отдельно). Так им будет проще. Вера людей в малых группах может укрепиться, если они услышат свидетельства об ответах на молитву.

Когда вы начинаете молиться в малой группе, не нужно обращаться к Богу своей самой долгой и красноречивой молитвой. Гости могут подумать, что так у них никогда не получится – и у них действительно не получится! Молитесь кратко и просто. Гостей это приведет к мысли: «О, я мог бы помолиться и лучше», – и они смогут!

Одному из лидеров или помощников следует вовсе воздержаться от молитвы, чтобы показать гостям, что не обязательно всегда молиться вслух.

5. Молитва церкви за Альфа курс

Хотя молитва лидеров и помощников *Альфы* за курс очень важна, мы также стараемся вдохновить всю церковь молиться об этом. Мы заметили, что хорошо молиться об *Альфа* курсе на еженедельном открытом общем молитвенном собрании церкви, проходящем не одновременно с *Альфа* курсом. Темы молитв касаются различных сторон жизни церкви, но одна из них – за евангелизацию и *Альфа* курс. Такое молитвенное собрание является неотъемлемой частью церковной жизни и включает в себя также время поклонения.

Анна Дэйвис несколько раз провела *Альфа* курс в городе Уэстон-сьюпер-Мэр. Она пишет: «Мы прилагали огромные усилия, стараясь как можно лучше провести последние несколько курсов, но результат (в смысле обращения людей ко Христу) был очень незначительным. Однако молитвенные собрания, начавшиеся девять месяцев назад, дали дополнительную возможность для постоянной молитвы в единстве за *Альфа* курс. Теперь мы видим на нашем курсе существенные изменения. Почти все, кто пришел к нам в этот раз (24 человека), не знают Христа, и на наших встречах царит атмосфера открытости для Евангелия. Бог гораздо сильнее действует, чем раньше, и, что очень важно, Он и из нашей жизни убирает то, что мешает нам доносить Евангелие людям».

Дополнительную информацию о том, как проводить общее молитвенное собрание (теология и модель динамичной совместной молитвы), вы можете получить в книге Джереми Дженнингса «Церковь на коленях молитвы» и в видеопрограмме «*Альфа* курс и молитва».

Приложение Ж

Прославление на *Альфе*

«...Назидая самих себя псалмами и славословиями и песнопениями духовными, поя и воспевая в сердцах ваших Господу, благодаря всегда за все Бога и Отца, во имя Господа нашего Иисуса Христа» (Ефесянам 5:19-20).

Практическая сторона ведения прославления на *Альфа* курсе

1. Почему прославление является неотъемлемой частью Альфа курса?

Поклонение лежит в основе наших взаимоотношений с Богом. Человек был сотворен Богом для поклонения Ему, хотя кто-то соглашается с этим, а кто-то – нет. Мы должны поклоняться Богу всей нашей жизнью (Римлянам 12:1). Любое практическое введение в христианскую веру должно включать в себя учение о поклонении Богу. *Альфа* курс учит о поклонении, помогая гостям попробовать.

Для поклонения немалое значение имеет музыка. Библия неоднократно вдохновляет нас выражать поклонение Богу, особенно в собрании, воспевая и играя на музыкальных инструментах. Когда мы прославляем Бога, то переживаем Его присутствие (Псалом 144:18; 2 Паралипоменон 5:13-14), и люди могут обратиться в веру, прийти ко Христу (Деяния 16:25-30; Псалом 39:4).

На протяжении всего курса гостям предлагается участвовать в прославлении, петь вместе с ведущим поклонение и, в конечном счете, начать больше доверять Иисусу Христу. Последняя тема на уик-энде особенно подчеркивает необходимость отдать всю свою жизнь Богу. Когда мы собираемся вместе на *Альфа* курсе, это посвящение выражается в нашем совместном поклонении.

Такие встречи можно называть «поклонением» и считать хорошим дополнением к восхвалению Бога всей своей жизнью.

2. Поклонение на Альфа курсе

Несмотря на то, что в начале многим поклонение кажется наиболее сложной частью *Альфа* курса, к концу большинству участников оно начинает нравиться.

Один из гостей, пришедший на курс не будучи христианином, сказал: «Пение в первый вечер меня ужаснуло». Но в конце курса в ответ на вопрос, что ему больше всего понравилось, он сказал: «Пение! Я чувствую, что мой голос зачем-то нужен! Раньше я почти никогда не пел. Здорово петь и вкладывать смысл в каждое слово».

Почему это так трудно? Большинству людей в сегодняшнем обществе не часто выпадает возможность попеть (разве что в душе или на футбольном матче). Поэтому мы несколько опережаем события, когда ожидаем от людей совершенно раскрепощенного участия в поклонении в первый же вечер. Лучше в начале курса не усложнять ситуацию пением псалмов, в которых провозглашается вера личного характера (например, песен, выражающих личные переживания, таких как «Люблю Тебя, Господь»). Тем, кто настороженно относится к пению на людях, будет вдвойне сложно петь то, во что они не верят.

В современном обществе, к сожалению, существует определенное предубеждение по отношению к церковной музыке. К ней часто относятся как к скучной, несоответствующей духу времени и приводящей в замешательство. Многие люди, приходя в церковь впервые, подсознательно воспринимают ее именно так. И очень важно, чтобы прославление на *Альфа* курсе свидетельствовало об ошибочности их представления. Как и во всем остальном, на *Альфе* мы стараемся придерживаться принципа: «То, за что берешься, старайся сделать как можно лучше, или не берись».

Почему это так ценно? Когда гости обретают веру в Христа, поклонение Богу становится их естественным желанием. А музыка – прекрасный способ выражения этого желания.

Одна из целей *Альфа* курса – показать людям, что такое церковь. Музыка прославления – это типичный аспект церковной жизни. Гости учатся прославлять Бога, знакомятся с гимнами и песнями, которые мы часто поем, и это помогает им в итоге стать частью церкви. Для многих поклонение становится первым опытом общения с Богом. Оно помогает понять, каков Бог: реальный, величественный, любящий и желающий, чтобы мы приближались к Нему.

3. Как это делать

Хотя центр поклонения – Христос, мы стараемся не забывать, что *Альфа* курс – это служение гостям. Поэтому знакомим гостей с поклонением Богу постепенно и с вниманием к ним. Вот несколько полезных советов.

Время. В первый вечер мы поем две песни в течение примерно пяти минут. Следующие несколько недель нужно, чтобы прославление тоже было недолгим, и гости могли к нему привыкнуть. Одна дополнительная песня может быть добавлена только в особом случае. На уик-энде гостям предлагается участвовать в более продолжительном поклонении (до пяти или шести песен на каждом собрании). Когда гости обращаются к вере, их желание поклоняться усиливается, и прославление в течение двадцати минут может стать нормой для оставшейся части курса.

Выбор песен. Вы можете использовать гимны и песни, которые поются в вашей церкви.

Выбранные вами песни прежде всего должны подтверждать объективную истину. Это должны быть песни об общеизвестном факте неизменности и всемогущества Бога. Чуткость к неверующим гостям помогает нам в начале курса избегать таких песен, как «Я верю в Иисуса» или «Люблю Тебя, Господь». Такие песни невозможно петь без веры во Христа, и человек должен прежде обратиться к Богу, чтобы петь их искренне. Когда гости начинают соединять понимание объективной истины и свой личный опыт, и их вера становится глубже, песни прославления тоже должны отражать большую глубину общения с Богом.

Убедитесь в том, что вы не нарушаете авторских прав при использовании текстов песен (напечатанных или высвечиваемых проектором).

Чего ожидать от вечера. В начале курса большинство гостей не участвуют в пении, а те, кто поет, делают это не громко. Ведущие прославление могут из-за этого испытывать некоторую неловкость. Я всегда стараюсь помнить следующее:

- Не беспокойтесь, если прославление вам кажется больше похожим на представление. Через песни звучит истина, независимо от того, участвует в этом аудитория или нет (Исайя 55:10-11).
- Имейте терпение. Представьте себе, что чувствует

новый человек. У вас еще много времени, чтобы помочь развиться настоящему поклонению.

- Основной принцип *Альфа* курса – уважение к человеку (см. 1 Петра 3:15). Не вынуждайте никого делать то, что заставит его почувствовать себя неловко. Лучше скажите: «Будьте самими собой. Вы можете стоять или сидеть, петь или молчать; делайте то, что вам по душе». Особенно подчеркните библейские слова «воспевайте в сердцах ваших Господу» (Ефесянам 5:19), так как в этом и есть суть истинного поклонения.
- Ободряйте каждого из членов команды и лидеров быть внимательными и сдержанными в своем усердии прославления! Весь *Альфа* вечер, а следовательно, и период поклонения – это время служения гостям, а не лидерам или помощникам. Важно, чтобы гости чувствовали себя как можно более комфортно и не отвлекались на непривычные для них действия лидеров и помощников.
- Хлопанье в ладоши, поднимание рук вверх, использование бубнов и прочие подобные действия поначалу многими могут восприниматься с трудом, потому что кажутся странными. Если вы начинаете использовать подобные элементы в прославлении, объясните, почему: это не часть какого-то загадочного обряда, но библейские истины.
  - Рукоплескание и восклицание – Псалом 46:2
  - Танцы, бубны и музыкальные инструменты – Псалом 150
  - Поднимание рук – 1 Тимофею 2:8; Псалом 62:5; Плач Иеремии 3:41

Ко всему сказанному необходимо добавить, что очень важную роль играет искреннее поклонение команды. Часто гостей глубоко касается то истинное наслаждение в поклонении Богу, свидетелями которого они стали.

4. Лидеры прославления на Альфа курсе: качества и навыки

Мы всегда назначаем лидера прославления, ответственного за музыкальную часть *Альфа* курса. Мы поняли, что необходимо молиться, чтобы понять, кто лучше всего для этого подходит. При этом важно обращать внимание на следующие качества:

Желание поклоняться Богу. Главным стремлением сердца всякого лидера прославления должно быть желание наслаждаться поклонением Богу, как в личной молитве, так и в собрании. Это желание часто переходит в способность вести других в поклонении и помочь им также получить удовольствие от общения с Богом.

Поклонение как образ жизни. «Я [Господь] смотрю не так, как смотрит человек; ибо человек смотрит на лице, а Господь смотрит на сердце» (1 Царств 16:7). Поклонение показывает, что вся наша жизнь ориентирована на Бога. Наши мотивы и действия должны соответствовать словам песен, которые мы поем.

Музыкальные способности. При выборе лидера прославления для *Альфа* курса обратите внимание на следующее:

- В идеале, он (или она) должен достаточно неплохо уметь аккомпанировать (на гитаре или пианино) или слаженно работать в паре с гитаристом или пианистом, чтобы музыка легко воспринималась гостями.
- Хорошо, если у лидера сильный голос с приятной интонацией.
- Развитое чувство ритма – обязательно.
- Лидер должен стремиться все песни заучивать наи-

зусть и знать, в каком стиле их можно исполнять.

- Профессиональный музыкальный опыт иногда больше мешает, чем помогает: лидер прославления – это не музыкант, дающий концерт. В действительности, он (или она) должен быть исполнен смирения, желать умаляться, чтобы Христу возрастать (Иоанна 3:30).
- Если прославление ведет группа музыкантов, им необходимо уделять время для заблаговременных репетиций.
- Хорошо помнить обо всех деталях: следить, чтобы были подготовлены сборники песен, ноты, проектор; чтобы были настроены инструменты; чтобы на сцене было чисто. Соблюдение этих правил будет вселять уверенность и в музыкантов, и в гостей.
- Хорошая подготовка, репетиции и молитвы помогают лидеру чувствовать себя свободно, а гостям – спокойно.

Позиция лидера прославления

- Лидер прославления не должен закрывать глаза во время поклонения. Зрительный контакт ободряет гостей и помогает лидеру видеть, насколько люди участвуют в поклонении.
- Улыбайтесь. Поклонение Богу – большая честь и радость!
- Только лидер прославления ведет его. С молитвой заранее подготовьте список песен и придерживайтесь его, не поддаваясь искушению спеть чью-то любимую песню. Хорошая привычка (а вовсе не неблагочестивая и «угашающая Духа») – планировать заранее.
- Лидер прославления ведет только прославление! Он играет и поет песни. Ему не нужно делать перерывы

между песнями, чтобы произнести мини-проповедь. Пусть звучит музыка.

Приложение 3

Концерт (капустник) во время уик-энда

Инструкции для организаторов

Концерт (капустник) – очень важная часть уик-энда. Это замечательный способ сломать барьеры между людьми и объединить группу. Однако он может вызвать большие проблемы, если слишком затянется или если будет содержать в себе неуместный материал.

Задача организатора концерта (капустника) – вдохнуть в окружающих энтузиазм, ободрить людей/группы принять участие, а потом составить программу, убедившись в том, что все номера соответствуют перечисленным ниже пунктам. Иногда требуется особая тактичность для разговора со «сложными» людьми, желающими во что бы то ни стало исполнить номер, который явно не подходит для программы вечера. Организатор должен быть доброжелательным, но непреклонным. И последняя часть работы организатора – быть ведущим концерта (капустника), соединив все номера воедино и заинтересовав аудиторию.

Вот некоторые полезные замечания:

1. Не должно быть ничего религиозного.
2. Не должно быть ничего двусмысленного.
3. Не должно быть непонятных шуток.

4. Мы рекомендуем включать в программу около десяти номеров.
5. Весь капустник должен продолжаться не более одного часа.
6. Начните в 21:00 и закончите к 22:00.
7. Отмечайте для себя особенно удачные номера, чтобы иметь возможность использовать их в будущем.
8. Если у вас возникают вопросы или сомнения, всегда советуйтесь с администратором или с лидером уик-энда.

Что такое Альфа?

Альфа – это курс, основанный на 11 встречах, на которых рассматриваются ключевые вопросы христианской веры. Вот его особенности:

Абсолютно любой человек может прийти на ***Альфа*** курс. Каждый желающий узнать больше о христианской вере может быть приглашен на эту программу, предназначенную для людей, не посещающих церковь, или для новообращенных христиан. Она также может быть использована как курс обновления для зрелых христиан.

Легкость и веселье в общении – одна из важных особенностей курса. Занятия проходят в непринужденной, веселой обстановке. Курс состоит из 15-ти последовательных семинаров, которые касаются ключевых вопросов христианства. Эти собрания либо проводятся лидером, либо даются на аудио- или видеокассетах (если группа небольшая). Мы верим, что можно узнавать новое о христианской вере и при этом наслаждаться самим процессом обучения. Смех и радость являются ключевыми компонентами всего курса, поскольку они разрушают барьеры между людьми и позволяют всем отдохнуть.

Ь Помощь друг другу. Маленькие группы располагают к тому, чтобы все принимали участие в обсуждении выступлений, помогали друг другу в изучении Библии и молились друг за друга. Для самих помощников этот курс дает возможность привести других ко Христу. Часто люди приходят снова и помогают при проведении следующего курса, либо приводят своих друзей, чтобы те могли посмотреть, что это такое.

Фантастика! – совместный ужин. Это дает людям возможность познакомиться друг с другом и приобрести друзей-христиан. Очень важно, чтобы общение проходило в доброжелательной и дружелюбной обстановке.

Активность каждого человека. ***Альфа*** курс – это место, где никакой вопрос не считается слишком простым или сложным, наивным или каверзным. Людям дается возможность задавать интересующие их вопросы и обсуждать соответствующие темы в небольших группах после выступлений.

С каждым годом число новых участников *Альфа* курса растет. После окончания курса проводится заключительный «*Альфа* ужин», на который приглашаются все, прошедшие курс, а так же их друзья и знакомые. Это ключевой момент для начала нового курса. Никки Гамбл поясняет: «Одна из причин быстрого роста групп *Альфы* – это приглашение своих близких бывшими «альфовцами» на ужин. Люди часто приводят свои семьи и друзей. Все основано на дружбе. У нас нет евангелизации или «маленького представления», но друзья приводят друзей.»

В 1991 году количество курсов в Великобритании было 4, а посещало их 60 человек, в 1993 году количество *Альфа* курсов увеличилось до 200, а посетило их 4500 человек; 1994 – 750 курсов и 30 000 человек. В 2009 году по всему миру проводилось более 46 000 курсов, которые посетило более 15 млн. человек.

На сегодняшний день *Альфа* курс проводится в более, чем 169 странах мира. Материалы курса переведены более чем на 90 языков мира. *Альфа* привлекла огромный интерес, особенно в Европе, Австралии и Новой Зеландии, а также во многих африканских странах и в Северной Америке.

Альфа курс подходит для любой церкви или церковной организации, независимо от ее конфессиональной принадлежности. Многие церкви пришли к выводу, что такой способ знакомства с Евангелием является наиболее простым и эффективным.

Если Вы хотите больше узнать о служении *Альфа* курса, свяжитесь с нами:

Служение «*Альфа* курс»
107564, Россия, г. Москва, ул. Краснобогатырская, 38, стр. 2
тел/факс (495) 963-35-11
e-mail: info@alphacourse.ru
www.alphacourse.ru

Альфа – материалы

Никки Гамбл

«***Альфа.* Вопросы жизни**» – это увлекательная, захватывающая и полная юмора книга, которая знакомит нас с самой потрясающей личностью в истории – Иисусом Христом. В книге рассмотрено 15 тем, которые логично и последовательно направляют к христианской вере. На основе этой книги проводится *Альфа* курс.

Никки Гамбл

«**Сложные вопросы**» – сложные вопросы требуют продуманных и исчерпывающих ответов. В этой книге автор выносит на обсуждение следующие темы: «Почему Бог допускает страдания?», «Все ли религии ведут к Богу?», «Что плохого в сексуальных отношениях до брака?», «В чем заблуждение движения «Новый век»?», «Есть ли противоречие между наукой и христианством?», «Что такое Троица?»

Особенно эта книга рекомендуется лидерам дискуссионных групп на *Альфа* курсе.

Никки Гамбл

«**Почему Иисус?**» – евангелизационная брошюра. Практически это модифицированная первая глава книги «Вопросы жизни».

Никки Гамбл

«**Жизнь, прожитая не зря**» – эта книга для тех, кто делает первые шаги по своему христианскому пути и только начинает читать Библию. Цель ее – познакомить с одним из важнейших посланий в Новом Завете – Посланием к Филиппийцам. Книга предназначена для изучения как в группе, так и индивидуально.

Никки Гамбл

«**Нагорная проповедь: можно ли так жить?**» – после прочтения этой книги Нагорная проповедь и ее принципы предстают перед нами в новом свете. Книга предназначена в помощь *Альфа* курсу.

Триша Нилл

«**Как сделать *Альфа* курс эффективным**» – эта брошюра дает много полезных советов, помогающих преодолеть трудности и максимально использовать потенциал вашего курса. Книга предлагает 15 способов привлечения гостей на *Альфа* курс.

«**Когда жизнь в Его руках**».

Сборник Марка Элсона Дью

В данной книге разные люди описывают, как изменилась их жизнь, часто при самых трагических обстоятельствах. В каждом случае было очевидно вмешательство Бога: кого-то Он исцелил, кого-то изменил до неузнаваемости, другим дал силы справиться с навалившимися проблемами и трагедиями.

Книга также предназначена в помощь *Альфа* курсу.

«***Альфа* курс**» ***Конспект для участников*** – в нем отражены все темы *Альфа* курса и тщательно подобраны места Писания, чтобы участники имели возможность в течение недели изучать темы самостоятельно и находить ответы на интересующие их вопросы.

«***Альфа. Руководство для лидеров и помощников***» – в книге разбираются темы: «Пасторская опека», «Ведение малой группы», «Служение на *Альфе*». В приложении вы найдете вопросы и места Писания, помогающие подготовке и проведению бесед на встречах *Альфа* курса.

«**Молодежный *Альфа* курс**, ***руководство для лидеров молодежных групп***», изд. 2005 г. – Книга предназначена для лидеров молодежной *Альфы*. Как можно сделать *Альфу* по-новому.

«***Альфа* для подростков**» ***Конспект для участников*** – пособие ориентировано на подростков. В книге больше иллюстраций, чем текста, что помогает привлечь внимание и сделать процесс изучения тем *Альфа* курса веселым и увлекательным.

«**Молодежный *Альфа* курс. *Конспект для поколения Next*»** – конспект предназначен для гостей Молодежного *Альфа* курса (рисунки сделаны в стиле аниме), в нем есть также место, чтобы сделать заметки. Эта брошюра базируется на книге Никки Гамбла «*Альфа.* Вопросы жизни».

Краткий конспект книги Никки Гамбла «Жизнь, прожитая не зря» – здесь приведены основные мысли книги и отражены соответствующие места Писания.

«**Как организовать *Альфа* курс**. ***Пособие для начинающих.***» После посещения *Альфа* конференции возникает вопрос «с чего начать?». Эта брошюра поможет вам спланировать и начать *Альфа* курс, предлагая советы шаг за шагом.

***Альфа* курс на DVD**.

Все материалы *Альфа* курса на DVD, а также отдельный диск для лидеров и помощников *Альфы.*

Подписано в печать
Формат 84x108/32 (130x200). Печать офсетная.
Гарнитура шрифта основного текста NewBaskervilleC
Усл.печ.лист . Тираж 3000 экз.
Заказ
Отпечатано в ГУП «ИПК «Чувашия».
428019, г.Чебоксары, пр. И.Яковлева, 13

www.ingramcontent.com/pod-product-compliance
Lightning Source LLC
La Vergne TN
LVHW010746270826
846327LV00013B/72
* 9 7 8 5 9 0 4 5 1 2 2 0 0 *